João Clemente **Baena Soares**

Sem medo da diplomacia

depoimento ao CPDOC

João Clemente **Baena Soares**

Sem medo da diplomacia

ganizadores

aria Celina D'Araujo

elso Castro

arolina Von der Weid

ora Rocha

FGV
EDITORA

ISBN 85-225-0568-3

Copyright © Centro de Pesquisa e Documentação de História Contemporânea do Brasil — CPDOC

Direitos desta edição reservados à
EDITORA FGV
Praia de Botafogo, 190 — 14º andar
22250-900 — Rio de Janeiro, RJ — Brasil
Tels.: 0800-21-7777 — 21-2559-5543
Fax: 21-2559-5532
e-mail: editora@fgv.br — pedidoseditora@fgv.br
web site: www.editora.fgv.br

Impresso no Brasil / *Printed in Brazil*

Os depoimentos fielmente reproduzidos neste livro são da responsabilidade direta e exclusiva do entrevistado, cuja autoria é protegida pela Lei nº 9.610, de 19 de fevereiro de 1998, que rege os direitos autorais.

1ª edição — 2006

Revisão: Fatima Caroni e Mauro Pinto de Faria

Capa: affalo + associados design — www.aadesign.com.br

Ficha catalográfica elaborada pela Biblioteca
Mario Henrique Simonsen/FGV

João Clemente Baena Soares: sem medo da diplomacia — depoimento ao CPDOC / Organizadores Maria Celina D'Araujo...[et al.]. — Rio de Janeiro : Editora FGV, 2006.

136p.

Inclui índice onomástico e ilustrações.

1. Soares, João Clemente Baena, 1931-. 2. Brasil — Relações exteriores. 3. Brasil — História diplomática. I. D'Araujo, Maria Celina. II. Fundação Getulio Vargas.

CDD — 327.81

SUMÁRIO

APRESENTAÇÃO   7

1. PRIMEIRAS ANDANÇAS   11

   Família de viajantes   11
   A Casa de Rio Branco   15
   Pazes com o Paraguai   20
   Crise em Portugal   26
   Guatemala: história cruel e rica expressão cultural   30
   A política externa independente e a África   33

2. O ITAMARATY NO REGIME MILITAR   37

   Política externa não é geometria   37
   Documentários da Aerp   40
   Fechando internamente, abrindo externamente   44
   De assessor do ministro a secretário-geral   47
   A Guerra das Malvinas e outras crises   52
   A Casa é nacionalista   56

3. SECRETÁRIO-GERAL DA OEA   61

   O Brasil vence a timidez   61
   Agenda imediata: controle da crise interna e reforma da Carta   65
   A entrada do Canadá   67
   Nicarágua: os sandinistas, os "contras" e os americanos   69
   A OEA enfrenta o "Império"   71
   El Salvador: tiros na madrugada   74

Panamá: a invasão condenada   77
Suriname e Guianas   79
Haiti: a sanção ineficaz   84
Peru e Guatemala: compromisso com a democracia   87
Novos documentos   93
O fim da Guerra Fria e Cuba   95
Deixando a OEA   97

4. POR UM MUNDO MAIS SEGURO   101

Funag, universidade e direito internacional   101
Paz e segurança: ameaças, desafios e mudanças   104
Divergências e alianças   108
Segurança coletiva e uso da força   112
A Amazônia, o Brasil, o mundo   114
Sem medo da diplomacia   117

ÍNDICE ONOMÁSTICO   121

APRESENTAÇÃO

Com este livro, o Centro de Pesquisa e Documentação de História Contemporânea do Brasil da Fundação Getulio Vargas (CPDOC-FGV) dá seqüência a uma série de publicações que vêm contribuindo para registrar a memória da política externa e da diplomacia no Brasil. Entre os livros de depoimentos já publicados pelo CPDOC, estão os de Afonso Arinos, Vasco Leitão da Cunha e Juracy Magalhães — chanceleres, o primeiro, do governo João Goulart, e os dois últimos, do governo Castelo Branco —, e ainda os de Amaral Peixoto e Marcílio Marques Moreira — embaixadores do Brasil em Washington, o primeiro, no governo Juscelino Kubitschek, e o segundo, nos governos José Sarney e Fernando Collor.[1]

A entrevista com o embaixador João Clemente Baena Soares consistiu inicialmente em quatro sessões realizadas entre novembro e dezembro de 2003. Posteriormente, em janeiro de 2005, foi feita uma entrevista complementar, na qual o embaixador narrou sua experiência como membro da comissão de alto nível escolhida pelo secretário-geral da ONU, Kofi Annan, para estudar questões de paz e segurança. Ao todo, foram 10 horas e 35 minutos de gravação.

Embora nosso interesse inicial estivesse concentrado no tumultuado período em que Baena Soares foi secretário-geral da OEA (1984-1994), optamos por fazer uma entrevista em forma de história de vida. Ficou assim regis-

---

[1] Ver Afonso Arinos, *O intelectual e o político*, org. Aspásia Camargo, Maria Clara Mariani e Maria Teresa Teixeira (Brasília: Senado Federal, Dom Quixote/Rio de Janeiro: CPDOC-FGV, 1983); Vasco Leitão da Cunha, *Diplomacia em alto-mar* (Rio de Janeiro: FGV, 1994); Juracy Magalhães, *Minhas memórias provisórias*, coord. Alzira Abreu (Rio de Janeiro: Civilização Brasileira, 1982); Amaral Peixoto, *Artes da política*, org. Aspásia Camargo, Lucia Hippolito, Maria Celina D'Araujo, Dora Rocha Flaksman (Rio de Janeiro: Nova Fronteira, 1986); Marcílio Marques Moreira, *Diplomacia, política e finanças* (Rio de Janeiro: Objetiva, 2001).

trada toda a sua trajetória, o que normalmente aumenta o interesse que o depoimento pode despertar em outros pesquisadores e leitores em geral. Ao final, tivemos um importante depoimento que aborda uma série de questões mais amplas sobre a história da diplomacia brasileira e sobre o contexto das relações internacionais contemporâneas, especialmente no que respeita às Américas.

O primeiro capítulo do livro retraça os anos de formação do entrevistado e o início de sua carreira no Itamaraty. Nascido em Belém do Pará em 1931, Baena Soares concluiu o curso do Instituto Rio Branco em 1953, aos 21 anos, tornando-se o até então mais jovem diplomata da República. Entre 1955 e 1962 serviu no Paraguai, em Portugal e na Guatemala, de onde voltou, no governo de João Goulart, para chefiar a Divisão da África.

O capítulo dois começa com o golpe de 1964 e acompanha as passagens de Baena Soares pela Itália, pela Bélgica e pela missão brasileira na ONU, na época chefiada pelo embaixador Araújo Castro. De volta ao Brasil em 1970, no governo Médici, desligou-se temporariamente do Itamaraty para trabalhar na Assessoria Especial de Relações Públicas (Aerp) da Presidência da República, sob comando do então coronel Octavio Costa. Retornou ao Itamaraty em 1974 e chefiou sucessivamente o Departamento de Organismos Internacionais e a Secretaria Especial para Assuntos Multilaterais. Entre 1979 e 1983, no governo Figueiredo, na gestão do ministro Saraiva Guerreiro, assumiu a Secretaria Geral do Itamaraty. Nesse cargo atuou diplomaticamente para o fim da Guerra das Malvinas (1983).

O terceiro capítulo trata de sua gestão como secretário-geral da Organização dos Estados Americanos (OEA), iniciada em 1984. Até essa ocasião, era o cargo mais alto ocupado por um brasileiro na hierarquia da diplomacia internacional.[2] À frente da OEA, envolveu-se na resolução de diversas situações de crise: os "contras" na Nicarágua, a guerra civil em El Salvador, a queda de Noriega no Panamá, os conflitos armados do Suriname, o golpe do presidente peruano Alberto Fujimori, eleições no Haiti e na Guatemala. Baena Soares descreve essas difíceis conjunturas político-diplomáticas, explicitando sua visão dos acontecimentos e as razões das atitudes que tomou. Ao narrar esses casos, denota a importância da diplomacia e dos organismos internacionais, que, especialmente em relação à América Central, foram instrumentos imprescindíveis para dar término às guerras civis. Ao fim de sua gestão, em 1994, todo o continente americano era uma região de paz.

Baena Soares ressalta seus esforços para reformar a Carta da OEA de modo a dotar a Organização de mecanismos mais dinâmicos para a solu-

---

[2] Depois da Secretaria Geral da OEA, o cargo mais elevado ocupado por um brasileiro foi o de alto comissário das Nações Unidas para Direitos Humanos, exercido por Sérgio Vieira de Mello, nomeado em 2002 e morto em um atentado no Iraque em agosto de 2003.

ção pacífica de controvérsias, e as ações empreendidas para fortalecer o compromisso com a democracia representativa e a defesa dos direitos humanos na região.

O último capítulo aborda o período posterior à missão na OEA, em particular sua ação junto à comissão designada por Kofi Annan para analisar questões de paz e segurança, que estudou também a reforma da Carta da ONU. No conjunto, o livro trata da situação internacional e dos dilemas de nosso tempo. Paz e segurança, o Brasil no mundo e a situação da ONU diante das assimetrias de poder são temas que se conectam numa mensagem central: a aposta na diplomacia como instrumento efetivo para a construção de um mundo melhor.

Maria Celina D'Araujo
Celso Castro
Carolina Von der Weid
Dora Rocha

Capítulo 1

PRIMEIRAS ANDANÇAS

Família de viajantes

Sabemos que o senhor nasceu em Belém do Pará em 1931 e que seu pai era militar. Havia muitos militares na família?

O único militar na família, que eu me lembre, foi meu pai. Chamava-se Altevir Soares. O pai dele, dr. Clemente Soares, que não cheguei a conhecer, era médico. Meu avô João Baena, pai de Alice de Macedo Baena Soares, minha mãe, era comandante da Marinha Mercante. Fazia uma coisa que me deixava encantado quando eu ouvia as histórias que me contava: comandava aqueles navios que subiam e desciam o rio Amazonas na linha Belém-Manaus até Iquitos. Os Baenas eram mais políticos. Houve um que foi vice-presidente do Pará e senador, Antônio Nicolau Monteiro Baena. Houve também um escritor, Antônio Ladislau Rodrigues Baena, citado até hoje, autor de uma *Corografia do Pará* e do *Compêndio das eras do Pará*. Na verdade, não havia uma linha profissional muito definida nos ascendentes do lado materno. Era uma gente que veio da Espanha, passou por Portugal, Belém e depois Rio de Janeiro.

Seu pai também era paraense, ou apenas serviu em Belém?

Meu pai era paraense, toda a família é de Belém. Mas, por ser militar, meu pai serviu em todo o Brasil. Talvez esteja aí a explicação do meu nomadismo... Assim como eu, meu pai era filho único, e hoje em dia tenho primos distantes em Belém. Mas sempre procuro manter contato. Foi em Belém que fiz minha última Assembléia Geral da OEA. Na época, aliás, saiu uma nota numa coluna do *JB*: "Programa de índio: quem teve a idéia de levar a OEA para Belém do Pará?" A abertura da assembléia foi feita no Teatro da Paz. Esse teatro me lembra outra história. Quando servi em Bruxelas, eu perguntava aos belgas: "Vocês querem saber a diferença entre o Brasil, especialmente o Pará, e vocês? Como se chama o principal teatro de vocês? Théâtre de la Monnaie. Na minha terra, chama-se Teatro da Paz". É uma grande diferença de perspectiva, de visão da vida.

Em sua casa gostava-se de ler? Quem gostava mais, seu pai ou sua mãe?

Os dois. Meu avô paterno também, tanto que ainda tenho parte da biblioteca dele. Uma história que me impressionava muito na infância, e que depois sempre me acompanhou, é que meu avô, um importante médico daquele tempo, passava seis meses em Belém e seis meses em Paris com a família toda. Ia de navio, naquelas linhas que não chegavam ao Rio de Janeiro, ligavam diretamente a Europa a Belém e Manaus. Também quando servi em Bruxelas, fomos uma vez a Paris conhecer o hotel onde meu avô se hospedava com a família. Ao voltar dessas viagens ele trazia livros na bagagem, e ainda tenho alguns.

De onde vinham os recursos de seu avô?

Vinham do trabalho dele. Era um médico da sociedade local. É curioso, porque na infância eu ouvia essas histórias sobre o pessoal do Norte com certo recurso, e depois as comprovei. Contava-se, por exemplo, que as famílias tinham enormes cestos de vime onde colocavam a roupa branca, que mandavam lavar e engomar em Portugal. Nas minhas andanças, estive em Barbados várias vezes, e da primeira vez fiquei impressionado quando as autoridades me mostraram a "Costa dos Brasileiros". Perguntei por que se chamava assim e responderam: "Porque aqui os paraenses e os amazonenses vinham passar as férias". Havia uma linha de navios ingleses que saíam da Inglaterra, paravam em Lisboa, depois em Barbados, e iam até Belém e Manaus. Na volta faziam as mesmas escalas. O pessoal saía para as férias em Barbados e esperava o navio voltar.

Além dos livros de seu avô paterno, o senhor também herdou o gosto pela leitura?

Sim, sempre gostei muito de ler, talvez por ter sido filho único. A uma dada altura, meu avô materno e minha avó paterna ficaram viúvos e passaram a viver conosco. Na realidade, meus irmãos foram os dois, eu convivia muito com eles. Nos preparativos dos meus 15 anos, meu avô me perguntou o que eu queria de presente, e eu disse que queria a *História da literatura brasileira* do Sílvio Romero — ainda tenho essa obra, uma edição da José Olympio que mandei encadernar em Lisboa. Depois tive a contribuição do *Tesouro da juventude*. Li também aquelas edições que se encontravam nas bibliotecas de colégio, sobretudo a linha clássica: Machado, Alencar e os outros.

Em que colégio o senhor estudou?

Como vivíamos em mudança de cidade, estive em vários colégios. A primeira saída de Belém, que eu me lembre, foi para Pelotas, no Rio Grande do Sul. Ali tive uma experiência negativa, porque me puseram num jardim-de-infância e fugi. Quando voltamos para Belém, fui para o Colégio Nazaré, dos irmãos maristas, que tiveram uma influência muito grande na minha formação. É interessante como os maristas mantêm uma arquitetura única para os seus colégios, difundidos em todo o mundo. Em Belém, guardei a lembrança do espaço, das árvores do colégio, na avenida Nossa Senhora de Nazaré. Também da bicicleta com que eu ia à aula. Morávamos a umas dez quadras de distância, as ruas e avenidas tinham pouco tráfego, por todo lado havia mangueiras... Depois de algum tempo, viemos para o Rio, e estudei um ano no Colégio São Bento. Voltamos para o Pará, mais alguns anos no colégio dos maristas, e saímos de novo. De vez em quando tomávamos "um Ita no Norte"[3] — eu me lembro do *Itaipé*, do *Itapajé*... Um belo dia, mais uma vez tomamos um Ita e viemos para o Rio. Dessa segunda vez fui matriculado no Colégio Mallet Soares, em Copacabana. Era o começo do ginásio.

Qual foi sua impressão do Rio, então capital da República?

Da primeira vez, eu tinha oito anos e foi um espanto, meu primeiro alumbramento. Da segunda, fiquei decepcionado com as instalações do colégio, porque estava acostumado com o colégio marista, onde havia espaços amplos, e o Mallet Soares era apertadíssimo, tanto que fazíamos ginástica no Corte do Cantagalo. Chegamos em 1942, era a época da guerra, e havia blecaute, o que dava certo ar de mistério. Morávamos na avenida Copacabana, no Posto 6, num edifício chamado "Norte", em frente ao Cassino Atlântico, que na época era mesmo um cassino. Lembro que havia uns ônibus ingleses, da Light, que iam do Posto 6 ao Castelo e tinham bancos forrados de veludo — imaginem, no calor do Rio de Janeiro, sentar naqueles bancos! Eram chamados de "camões". Eram ônibus cuja frente tinha o lado do motorista mais avançado e o lado direito recuado; daí a alusão ao olho cego do Luís Vaz. Havia também os bondes com reboque, que iam até o Bar 20, no final de Ipanema. Desde essa época me tornei praieiro, até hoje vivo perto do mar.

Ficamos no Rio até 1944, e fomos para Curitiba. No Rio não havia muita diferença para um jovem saído de Belém, mas no Paraná havia. A come-

---

[3] O compositor Dorival Caymmi imortalizou os Itas, navios da Companhia de Navegação Costeira que faziam a ligação entre o Norte e o Sul do Brasil, na canção que diz: "Peguei um Ita no Norte/ Pra vir no Rio morar/ Adeus, meu pai, minha mãe/ Adeus, Belém do Pará..."

çar pelo clima: um frio tremendo no outono-inverno, quando eu saía de casa às sete da manhã e ia a pé para o colégio. Os próprios colegas eram fisicamente mais desenvolvidos. Eu era muito magro, vinha do Norte, falava com sotaque do Rio, e os sulistas me olhavam meio atravessado. Para minha tristeza fui apelidado de "Carioca", eu que era paraense. Mas tenho boas recordações.

O colégio em Curitiba também era marista, Colégio Santa Maria. Aprecio muito os maristas. Estavam na vanguarda da formação dos jovens. Por exemplo, tínhamos inglês, francês, espanhol, as matérias do currículo regular, mas tínhamos também uma matéria que se chamava civilidade. Era cidadania: como se portar na sociedade, desde a maneira de se dirigir aos demais até o significado mesmo da vida em sociedade. Isso era uma coisa absolutamente inédita para aquele tempo, não sei de outro colégio que tivesse essa preocupação. Tínhamos também uma academia que imitava a Academia Brasileira de Letras: cada um ocupava uma cadeira e se dedicava a estudar o seu patrono. Fazíamos tertúlias, tínhamos muitas atividades. Havia duas áreas de atividades extracurriculares que os maristas incentivavam muito: esporte e teatro. Como eu não fazia esporte, o teatro foi o meu caminho. Lembro-me de uma grande encenação musicada do *I-Juca-Pirama*, em que eu fazia o Gonçalves Dias. A orquestra esquentava o público na chamada *ouverture*, eu ia para a frente do palco, começava a declamar, e se desenrolava o espetáculo. Achava aquilo fantástico. Fizemos muitas apresentações em colégios e teatros de Curitiba, depois excursionamos pelo estado do Paraná. Como era o menor da equipe, quando chegávamos aos hotéis, os outros saíam para beber uma cervejinha e eu ia dormir...

Afinal, em 1948, sempre acompanhando a família, vim pela terceira vez para o Rio e aqui completei os estudos. Naquela época havia curso científico e curso clássico, e como no meu colégio no Paraná não havia clássico, fiz o científico. Mesmo assim fiz o vestibular para direito e entrei para a PUC, que na época funcionava na rua São Clemente, numa casa ao lado do Colégio Santo Inácio. Lembro-me de um professor, emigrado polonês, chamado Jerzy Sbrozek, que dava introdução à ciência do direito. Na primeira aula, perguntou: "Quem de vocês sabe quem foi Hegel?" Como ninguém sabia, disse: "Não sabem nada, são uns ignorantes, mas vão sair daqui sabendo!" Foi um tratamento de choque, mas funcionou. Tivemos vários professores — Sobral Pinto em direito penal, Pedro Calmon em direito constitucional, José Ferreira de Souza em direito comercial, Thiers Martins Moreira em direito administrativo, Haroldo Valladão em direito internacional privado —, mas quem mais marcou minha turma foi Herbert Chamoun, que dava direito romano e depois direito civil. Foi um professor sério e rigoroso, como também o Sbrozek.

O senhor se lembra de colegas da Faculdade de Direito?

Sim. Tive colegas que se tornaram diplomatas: Marcelo Raffaelli, Ronaldo Costa, Augusto Estelita Lins, Ney Melo Matos. Outros fizeram carreira na advocacia, como Sérgio Chermont de Brito e Galeno Martins de Almeida.

Por que o senhor escolheu a PUC?

Foi uma escolha natural, porque toda a minha formação foi católica. Mas há outro elemento que também pode explicar a escolha. Na época, havia a Faculdade Nacional de Direito, no Campo de Santana, que hoje é da UFRJ; havia a Faculdade do Catete, que agora é da Uerj; havia a Faculdade de Niterói, que agora é da UFF, e havia a PUC, cuja qualidade já era a melhor do Rio de Janeiro. Como eu queria me preparar para o Rio Branco, me disseram que eu não deveria ir para a Nacional, embora lá ensinassem professores como San Tiago Dantas.[4] Esses dois fatores, religião e qualidade, se combinaram.

Parece que o senhor foi o primeiro da turma na PUC, não?

Fui, durante os cinco anos de curso, e por conta disso me deram uma medalha, Prêmio Leonel Franca. Mas demorei a receber. Na hora em que fui eleito para a OEA e estava partindo para Washington, a universidade me convidou para fazer uma palestra. Estavam lá todas as autoridades, o reitor, e no final eu disse: "Vou aproveitar que vocês me convidaram para vir aqui: onde está a minha medalha Leonel Franca?" Fui para Washington com uma medalhinha de ouro na bagagem...

A Casa de Rio Branco

Por que a diplomacia?

Sempre quis ser diplomata. Já disse que talvez meu nomadismo seja herança da profissão do meu pai, mas isso não explica tudo. Eu também tinha muita leitura de autores estrangeiros, sobre realidades fora do Brasil, e tudo isso me marcou. O direito foi o caminho para a diplomacia.

---

[4] Francisco Clementino de San Tiago Dantas, professor renomado, ingressou na política no fim da década de 1950, ligado ao PTB. Foi ministro das Relações Exteriores (setembro de 1961 a junho de 1962) do governo João Goulart, no gabinete parlamentarista de Tancredo Neves, e ministro da Fazenda (janeiro a junho de 1963), já na fase presidencialista do mesmo governo. Ver *Dicionário histórico-biográfico brasileiro pós-1930 (DHBB)*, 2ª edição revista e atualizada, coord. Alzira Alves de Abreu, Israel Beloch, Fernando Lattman-Weltman e Sérgio Tadeu de Niemeyer Lamarão: Rio de Janeiro: FGV-CPDOC, 2001.

O senhor chegou a ter contato com algum diplomata antes de entrar para o Instituto Rio Branco? Chegou a viajar para o exterior?

Tive algum contato, sobretudo com aqueles que eram do Norte, passavam pelo Rio a caminho dos seus postos e iam lá em casa conversar com meus pais. Minha primeira viagem ao exterior foi feita quando eu já era diplomata, mas sem dúvida a idéia de viajar me agradava.

Como foi sua entrada para o Rio Branco?

Fizemos o vestibular em 1951, um vestibular tremendo, no calor de dezembro do Rio de Janeiro. Todo mundo de paletó e gravata na sala da biblioteca do Itamaraty, sem ar-condicionado, ventiladores enormes fazendo um grande ruído. Quatro horas de prova, nove matérias, todas eliminatórias: português, francês, inglês, noções de direito, economia, história e geografia, geral e do Brasil. Depois vinham as provas orais, que começavam com cultura geral. Era uma maratona, realmente. Raul Bopp organizava a prova de cultura geral, e um dos nossos examinadores foi Guimarães Rosa. Passamos apenas oito e formamos a menor turma do Rio Branco. Ainda herdamos um da turma anterior, que tinha adoecido e perdido o ano. Vou contar um episódio, para mostrar o rigor do exame: a última prova escrita, eliminatória, era de direito, e o examinador era San Tiago Dantas. Um dos nossos colegas foi eliminado, e fomos todos juntos ao San Tiago, pedir a ele para rever a nota. Ele concordou: "Tudo bem, tragam a prova". Passou uma meia hora olhando e disse: "Mantenho a nota". Saímos na maior decepção, porque um de nós caiu, na última prova.

Quantos candidatos havia inicialmente?

Inicialmente deviam ser uns 80, porque o exame era feito só no Rio de Janeiro, e os candidatos dos outros estados tinham que vir até aqui. Agora se faz a prova no Brasil todo, e já temos alguns milhares de candidatos.

Do que mais me recordo desse exame é do diretor do Instituto Rio Branco, embaixador Lafayette de Carvalho e Silva. Era um embaixador do tipo antigo, usava monóculo, e aquilo dava uma sensação de majestade. Foi muito bom como diretor, dirigia e deixava os outros trabalharem, os professores tinham toda liberdade. Por sugestão dele, fizemos o curso em um ano, em vez de dois, como seria normal. É que naquela época havia um mecanismo chamado concurso direto, que dispensava a passagem pelo Rio Branco. Como o governo abriu um desses concursos, fomos ao diretor e dissemos que estávamos nos sentindo ameaçados, pois os que passassem no direto iriam entrar na nossa frente e ocupar todos as vagas no ministério. Ele teve a idéia de nos perguntar se queríamos estudar aos sábados e sem férias — só teríamos férias no Natal e no Ano Novo —, para acelerar. Todo mundo disse que sim. Foi penoso fazer o curso inteiro em um ano e dois meses, mas foi uma solução boa para todos nós.

Fizemos esse curso num edifício de concreto ao lado do Itamaraty, aqui no Rio, onde funcionava o Instituto Rio Branco em duas ou três salas, com aqueles mesmos ventiladores barulhentos. Tivemos alguns ótimos professores, como Fábio de Macedo Soares Guimarães, excelente, de geografia, Aurélio Buarque de Holanda, de português. Em 1953 terminei os dois cursos: o Rio Branco, no início do ano, e a PUC, no fim.

Na sua época era preciso estar cursando uma faculdade para poder entrar no Rio Branco?

Sim. Você tinha que estar matriculado há pelo menos dois anos numa universidade. O Rio Branco era um curso de formação, hoje é um curso de pós-graduação. Os candidatos, hoje, ao entrar, têm que ter um diploma universitário, de qualquer curso — aliás, acho isso um equívoco, deveriam delimitar os cursos. Além disso, no meu tempo havia também esse concurso direto. O Rio Branco começou em 1946, durante o governo Dutra, mas sempre houve necessidade de recrutar mais gente do que o Instituto fornecia para o preenchimento das vagas, e a maneira de fazer isso era através do concurso direto, que era herança do Dasp.

Havia mulheres na sua turma do Rio Branco?

Não. Algum tempo depois houve uma pioneira, também de família paraense, Maria Sandra Cordeiro de Melo, que foi a primeira diplomata a cursar o Rio Branco. Ela se inscreveu no concurso e rejeitaram a inscrição, mas ela entrou com um mandado de segurança e ganhou. Foi quem abriu as portas. É preciso esclarecer que, embora não houvesse alunas no Rio Branco, havia diplomatas mulheres que tinham entrado no tempo do Dasp, como Dora Vasconcelos, Odete de Carvalho e Souza. Havia umas quatro ou cinco diplomatas, que chegaram a embaixadoras.

O senhor se tornou diplomata muito jovem. Foi bem colocado na turma?

Sim. Como nos formamos no Rio Branco em fevereiro, e meu aniversário é em maio, me tornei diplomata com 21 anos. E fui o segundo da turma. O primeiro foi um rapaz chamado Fernando Abbot Galvão, do Rio Grande do Norte.

Seu primeiro posto foi na Divisão Cultural?

Foi. Estava na moda a Divisão Econômica, que estava começando, mas eu estava interessado na Divisão Cultural e consegui ir para lá. O chefe era Jayme Sloan Chermont, de família do Pará. O que se fazia na Divisão Cultural naquele tempo era um pouco o que se faz hoje na Agência Brasileira de Cooperação (ABC), que cuida de toda a cooperação recebida e oferecida. A maior parte dos recursos da Divisão ia para o Paraguai, onde mantínhamos uma missão cultural de professores brasileiros que preparavam os professores paraguaios. Havia ainda um colégio que estávamos construindo em Assunção: o Colégio Brasil, de ensino médio, que hoje está em pleno funcionamento. Também coordenados pela Divisão Cultural, havia os Centros de Estudos Brasileiros, espalhados pela América Latina. Outra vertente do trabalho era a divulgação cultural, coisa que hoje se faz melhor e com mais recursos.

O que mais me marcou nessa fase foram os companheiros da Divisão Cultural. Em determinado momento, estava lá João Cabral de Melo Neto. Imaginem, um terceiro-secretário, de 22 anos, estar sentado numa sala, e na sala ao lado estar João Cabral. Mais adiante, veio Vinicius de Moraes. Quando Jayme Chermont saiu, entrou em seu lugar Teodomiro Tostes, poeta gaúcho. Trabalhávamos no terceiro andar do Itamaraty, do lado direito, e do lado esquerdo ficava a Divisão de Fronteiras, que era chefiada por João Guimarães Rosa. O ambiente não poderia ser mais estimulante para quem estava começando a carreira.

Vocês conversavam com esses autores, sobre literatura, cultura?

Com Guimarães Rosa sim, ele gostava de conversar com os jovens, se animava. Naquele tempo, em que o Itamaraty ainda estava no Rio, havia facilidade de conversar. Nós almoçávamos no restaurante do ministério — que foi apelidado de "Bife de Zinco", em contraste com o "Bife de Ouro" do Copacabana Palace — e depois do almoço ficávamos andando ao redor do lago, conversando com Guimarães Rosa ou João Cabral. Parecia a Grécia antiga... Naturalmente as coisas mudam, umas se perdem, outras se ganham, mas com a ida para Brasília desapareceu essa convivência do rapaz recém-saído do Rio Branco com os mais velhos. Essa convivência não só profissional, mas cultural, era um benefício enorme para nós.

Por que Brasília impede esse convívio de gerações?

Porque não se tem um lugar onde as pessoas se reúnam, como se tinha aqui no Rio. Em Brasília temos o edifício burocrático e o edifício de representação, onde ficam o ministro e o secretário-geral, mas não temos um espaço de convivência. Cada um vai para o seu nicho e ali fica. Toda convivência é fora do ministério. Mas também naquela época o ritmo era diferente. No dia do pagamento, voltávamos para casa de lotação, o que equivaleria hoje a uma van. Quando o dinheiro ia acabando, tomávamos o ônibus da Light. Com isso, convivíamos. Em Brasília não, cada um pega o seu carro, ninguém mais anda de ônibus ou lotação com os colegas. O número de diplomatas também era bem menor.

Quando o senhor viajou para o exterior pela primeira vez?

Em 1954. Havia no Itamaraty um programa de aperfeiçoamento no exterior, e os dois primeiros colocados eram designados para fazer um estágio de dois meses em Nova York e um mês em Washington, na ONU e na OEA — no secretariado, não na missão do Brasil. Na ONU, trabalhei na cooperação técnica, mas acompanhava outras áreas e reuniões. Completava o estágio nas Nações Unidas com visitas à missão. Na OEA, fui recebido por Alberto Lleras Camargo, que era o secretário-geral; já tinha sido e depois voltou a ser presidente da Colômbia. Também foi muito estimulante, para uma pessoa que saía pela primeira vez, ser recebido pelo secretário-geral da OEA: ele ficou conversando mais de uma hora comigo, perguntando, explicando, respondendo. Eu jamais poderia imaginar uma coisa dessas.

Outra coisa curiosa dessa primeira viagem é que os aviões mantinham umas quatro ou seis *couchettes*, dessas de trem. Pagava-se mais 20 dólares e ia-se deitado, de pijama! O vôo saía do Rio, ia a São Paulo, Lima, Guayaquil, Panamá, Miami e Nova York. Mais de 20 horas. Só sentei depois de Miami, até lá fui dormindo. Hoje essas comodidades acabaram.

Em 1954, internamente, o país estava pegando fogo. Foi o último ano do governo de Getúlio Vargas, que se suicidou em agosto. O senhor acompanhava a política interna?

Sim. Foi Getúlio quem nos deu o diploma em 1953. Em 1954 a situação se complicou. Quando voltei de Nova York e Washington, em junho, as coisas estavam fervendo. Havia uma polarização muito grande, inclusive no nosso próprio ambiente de trabalho. A maioria era contra Getúlio naquele momento. Primeiro, havia uma pregação moralista da UDN, e isso envenenava muito. Depois, houve aquela campanha do Carlos Lacerda, que empolgou a juventude. Tudo isso contribuía e levava a maioria a se pôr contra Getúlio. É curioso, porque depois do suicídio e da carta-testamento, tudo mudou.

As pessoas tinham engajamento político no Itamaraty?

Não havia engajamento, ninguém era de partido político, pelo menos os da minha geração não eram nem da UDN, nem do PTB. Havia tendências, mas não havia ninguém de carteirinha. Talvez equivocadamente, pensava-se que o diplomata não podia se engajar politicamente, pois assim estaria empobrecendo a sua representatividade. Era isso o que estava na nossa cabeça.

Os comunistas tinham células em toda parte, até nos quartéis. Não tinham no Itamaraty?

Se tinham, não percebi. Mas foi sob esse pretexto que Carlos Lacerda fez campanha contra vários diplomatas, entre eles João Cabral. Uns quatro ou cinco — João Cabral, Jatyr de Almeida Rodrigues, Antônio Houaiss — foram acusados de manter uma célula comunista, processados e demitidos. Foi o episódio da chamada célula Bolívar, em 1952/53. Depois houve revisão, e eles voltaram. Foi um tempo muito difícil. João Cabral escreveu um poema longo chamado *O rio*, para o IV Centenário de São Paulo, e, com o prêmio que recebeu, sobreviveu.

Esses diplomatas faziam algum tipo de pregação?

Acho que não. É possível que outros funcionários fizessem, mas não eles. O que eles tinham era uma outra visão, coisa que hoje seria perfeitamente normal. Mas naquele tempo de Guerra Fria, de McCarthy nos Estados Unidos,[5] vocês podem imaginar qual era o ambiente. Se você dissesse uma palavra contra a política americana, era comunista. É como agora alguém fazer restrições à ação de Israel na Palestina e ser acusado de anti-semita. Não tem nada a ver uma coisa com a outra, como não tinha no caso deles. Não acredito que fossem militantes comunistas, eram apenas pessoas que pensavam diferente.

Pazes com o Paraguai

Seu primeiro posto no exterior foi Assunção, no Paraguai, em 1955. Como foi feita a designação?

Uma coisa que é bom lembrar é que hoje as pessoas negociam posto, mas no meu tempo, não, ficava-se sabendo pela *Hora do Brasil*: "O presidente da República assinou decreto removendo os seguintes diplomatas..."

---

[5] O senador americano Joseph McCarthy, do Partido Republicano, transformou seu anticomunismo em campanha nacional e foi responsável por uma "caça às bruxas" que atingiu políticos, intelectuais e artistas nos Estados Unidos no início da década de 1950. O "macarthismo" foi denunciado e condenado pelo Senado americano em 1954. Ver *Grande enciclopédia Delta Larousse (GEDL)*, Rio de Janeiro, Delta S. A., 1977.

Ninguém sabia de nada. O presidente assinava a remoção desde terceiro-secretário até embaixador; hoje, só assina a de embaixador. Foi assim, ouvindo o rádio, que eu soube que tinha sido designado para Assunção.

Qual foi a sua reação?

Eu não tinha nenhuma forma de reagir. Claro, no seu primeiro posto existe aquele mito de que você vai para Paris... Mas fui para Assunção. Dos meus colegas, um foi para a Turquia, outro foi para Liverpool, posto que não existe mais... Quando se ia para fora, se saía ou pelo Cais do Porto, na praça Mauá, ou pelo Galeão. Naquele tempo, as mulheres faziam figurino especial para viajar, compravam chapéus; os homens punham paletó e gravata para tomar o avião no Galeão. Quando chegou a minha vez, era Aeroporto Santos Dumont. E veio o anúncio: "Senhores passageiros da Real Aerovias para São Paulo, Curitiba, Foz do Iguaçu e Assunção, queiram tomar os seus lugares". Pensei: é um equívoco, todos os meus colegas foram para o exterior e eu sou o único que vou para o interior! Mas fui muito feliz em Assunção.

Quando foi para Assunção, o senhor já era casado?

Era. Gláucia e eu nos casamos em 1954. Começamos a namorar e a noivar durante o Rio Branco, e sempre digo que ela fez toda a carreira. Houve um momento em que tive um problema nos olhos, não podia ler, ela lia e tomava anotações das aulas para mim. As coincidências da vida: era gaúcha de Pelotas, filha de militar, nasceu onde eu tinha morado. Nós nos conhecemos no Rio, porque nossas famílias se davam, mas casamos em Pelotas. Eu sempre dizia aos meninos que o nosso casamento garantiu a unidade nacional: era o Pará casando com o Rio Grande do Sul... Tivemos três filhos: Cláudia foi a primeira, depois vieram Clemente e Rodrigo. Todos estão na diplomacia, inclusive Cláudia, que é casada com diplomata.

Minha mulher faleceu em 2001, não chegamos a comemorar os 50 anos de casados, mas ela sempre me acompanhou. É muito difícil ser mulher de diplomata. Hoje já houve uma mudança de comportamento, as mulheres de diplomatas ou têm uma profissão, ou são também diplomatas, mas naquele tempo ser mulher de diplomata era um trabalho específico, porque havia exigências de presença, de conhecer a sociedade, de saber idiomas estrangeiros. De fora, as pessoas podiam achar que a nossa vida eram só festas, mas era também uma vida de trabalho. E a mulher acompanhava muito, tinha uma presença muito grande.

Em Assunção, eu trabalhava de sete da manhã ao meio-dia, almoçava, fazia a sesta, voltava e trabalhava até as sete da noite. Gláucia saía de carro para fazer as coisas dela no centro da cidade, e combinávamos nos encontrar lá. Na saída do trabalho eu pegava uma carona até o centro, chamava um guarda e perguntava: "Por favor, o senhor viu aquela senhora loura da embaixada do Brasil, com um carro verde?" Ele sempre me dizia onde ela estava. Isso tinha um sabor de cidade do interior, onde todo mundo se conhece.

Comparativamente ao que é hoje, a cidade era melhor ou pior?

A expressão pior ou melhor não é boa: era diferente. Agora é mais confortável, tem mais recursos. Todo o Paraguai mudou muito depois de Itaipu.[6] Naquela época, Assunção tinha 200 mil habitantes e poucos recursos como cidade. Quando fui removido, como Cláudia tinha acabado de nascer, deixei Gláucia com ela no Brasil e fui na frente para procurar casa. Estava acertando uma, quando o rapaz da embaixada que me acompanhava perguntou: "O senhor já sabe a profundidade do poço?" Era preciso saber, pois não havia água encanada. Minha primeira residência no exterior dependeu não da planta da casa, mas da profundidade do poço.

Tive um aprendizado muito intenso na embaixada em Assunção. Se eu tivesse ido para uma embaixada maior, não teria tido a experiência que tive, pois éramos muito poucos, talvez uns quatro, e tínhamos que fazer tudo. Havia uma tarefa que era cuidar da mala diplomática. O terceiro-secretário, que no caso era eu, tinha que fechar, fiscalizar, cuidar de tudo direitinho. Hoje o computador decifra os telegramas, mas naquele tempo era nos dicionários de código que se iam buscar as cifras.

O ambiente no Paraguai e em Assunção, no começo, estava tenso. Perón tinha fugido de Buenos Aires, estava exilado em Assunção, e os argentinos tinham cortado a navegação fluvial. Como não havia outra saída para o Paraguai, havia dificuldades de alimentação. Nós tínhamos um avião da FAB, do Correio Aéreo Nacional, que ia até Assunção num vôo semanal e nos trazia mantimentos. Assim agüentamos, até que a coisa foi mudando.

Quais eram os interesses do Brasil no Paraguai nos anos 1950?

O interesse principal era acabar com a hostilidade. O Paraguai, na sua política externa, usava a Argentina e o Brasil num movimento pendular, e era preciso modificar essa situação. Como fazer isso? Em primeiro lugar, pela presença. Tanto isso era importante que uma das primeiras legações do Brasil — chamava-se legação, depois passou a embaixada — foi em Assunção. No princípio a embaixada cuidava da área cultural e política, e muito pouco da área econômica, porque não havia um comércio significativo. As iniciativas da

---

[6] A Usina Hidrelétrica de Itaipu, empreendimento binacional desenvolvido pelo Brasil e o Paraguai no rio Paraná, entrou em operação em outubro de 1982. Ver www.itaipu.gov.br.

parte do Brasil começaram mesmo com Juscelino, em 1957, com a construção da ponte sobre o rio Paraná. Foi então que foi feita a devolução de troféus da Guerra do Paraguai. Macedo Soares,[7] que era o chanceler na época, foi com uma missão a Assunção para restituir não só a Ata da Independência, como outros documentos da história do Paraguai que estavam conosco, no Arquivo Histórico do Itamaraty. Isso foi muito importante. Na verdade, naquela ocasião, nós não restituímos todos os troféus, os canhões etc., mas anos mais tarde o presidente Figueiredo fez uma visita a Assunção e devolveu a espada de Solano López.[8]

Para se ter uma idéia do significado disso tudo, quando cheguei a Assunção havia um jornal chamado *Pátria*, que publicava diariamente notícias contemporâneas da guerra: "Dia 29 de março: as tropas brasileiras trucidaram não sei quantos paraguaios". Todos os dias. Isso acabou. Em março, mês da morte de Solano López em Cerro Corá e da vitória da Tríplice Aliança, sempre havia manifestações oficiais a que comparecíamos — a embaixada toda, a missão militar, a missão cultural — e durante as quais ouvíamos os maiores desaforos. Tudo isso passou, foi superado. Mas houve uma época em que se cultivava a hostilidade. Não entre as pessoas comuns, mas nos meios intelectuais. Efraím Cardoso era um dos autores hostis ao Brasil.

Outra coisa importante que aconteceu naquela época foi a retomada das obras da estrada que ligava Assunção a Cidade Presidente Stroessner, agora Cidade del Este, que estavam paralisadas. Juscelino retomou o projeto e deu um impulso maior. Esses fatos foram a semente de tudo o que aconteceu depois.

Hoje o Paraguai é um país muito dependente do Brasil em termos econômicos, não?

Hoje, sim, mas antes eles eram muito mais dependentes da Argentina, porque só tinham uma saída. É interessante estudar o Paraguai. É um país

---

[7] José Carlos de Macedo Soares, político paulista, foi ministro das Relações Exteriores (1934-1937) e da Justiça (1937), no primeiro governo de Getúlio Vargas. Exerceu várias funções diplomáticas e foi mais uma vez chanceler (1955-1958), nomeado por Nereu Ramos e mantido por Juscelino Kubitschek. Ver *DHBB*.

[8] Francisco Solano López foi desde cedo preparado para suceder ao pai, Carlos António López, que governou o Paraguai a partir de 1840. Com a morte deste em 1862, assumiu a presidência e dois anos depois ordenou a invasão de Mato Grosso, dando início à Guerra do Paraguai. Reunidos na Tríplice Aliança, Brasil, Argentina e Uruguai derrotaram os paraguaios em 1869. Solano López fugiu para Cerro Corá e lá morreu no ano seguinte com um tiro de fuzil pelas costas. Ver *Dicionário do Brasil imperial (1822-1889)*, org. Ronaldo Vainfas, Rio de Janeiro, Objetiva, 2002.

que brigou com todos os vizinhos e perdeu. A única guerra externa que o Paraguai ganhou foi contra a Bolívia: foi a Guerra do Chaco, em 1934, motivada pelo petróleo. Que, aliás, não existia, como depois se comprovou.

O Paraguai, assim como a Argentina, teve um momento de grande progresso, mas retrocedeu. O progresso começou no tempo do dr. Francia,[9] que é considerado um herói. Homem firme e autoritário, com ele não tinha conversa. Quando soprava vento do Brasil, mandava fechar todas as janelas das casas: "Ninguém aqui vai respirar o ar do Brasil!" Mas ele desenvolveu o país. Criou uma ferrovia, estimulou a agricultura, modernizou o Paraguai naquele momento. Depois veio Carlos Antônio López, pai do Solano López. Quando chegou a sua vez, o filho quis retomar o que eles chamavam de "grande Paraguai" — durante muito tempo os mapas das escolas mostravam o "grande Paraguai", que alcançava a Argentina e Santa Catarina. Como os guaranis tinham ido até a costa catarinense, eles a consideravam paraguaia.

A guerra foi uma tragédia, sem dúvida alguma. E os três países caminharam para ela sem sentir. Na realidade, a grande força que semeou a discórdia foram os ingleses. O Paraguai é o exemplo de uma tragédia nacional que poderia ter sido evitada se tivesse havido maior entendimento entre os atores políticos. Curioso é que, dos militares do Brasil, a figura mais odiada no Paraguai é o conde d'Eu.[10] Nesse, eles não podem ouvir falar.

Vou dar um exemplo da atitude dos paraguaios em relação aos brasileiros na minha época. Fomos visitar uma das igrejas paraguaias, lindas, e perguntei: "Mas onde estão os objetos da igreja?" Disseram: "Vocês levaram tudo!" Perguntei, tive a resposta. Essa era a atitude. Defendo a idéia de que isso mudou por causa do trabalho que começou na presidência do Juscelino. É claro que antes já havia a influência das nossas missões culturais, que formavam professores. O Paraguai sempre foi um posto politicamente importante para o Brasil. Historicamente, grandes diplomatas passaram pela embaixada em Assunção. Hoje é um posto importante também do ponto de vista econômico.

---

[9] José Gaspar Rodriguez Francia, intelectual respeitado, foi o líder da independência paraguaia em 14 de março de 1811. No Congresso de Mil Homens, realizado em 1813, foi escolhido para governar o Paraguai alternadamente com Fulgencio Yegros, por períodos de quatro anos. Como lhe coube o primeiro quadriênio, em 1814 convocou novo congresso que o declarou ditador vitalício. Governou até morrer em 1840. Ver *GEDL*.

[10] O conde d'Eu, casado com a princesa Isabel, assumiu o comando das forças brasileiras na Guerra do Paraguai em substituição ao duque de Caxias quando este adoeceu, em 1969. Ficou conhecida a truculência com que agiram suas tropas até o fim da guerra, em 1870, promovendo massacres e destruição. Ver *Dicionário do Brasil imperial (1822-1889)*, op. cit.

A decisão de redefinir as ligações com o Paraguai, de diminuir a hostilidade, foi uma decisão do Itamaraty ou do Executivo?

Acho que nasceu no Itamaraty. Era uma visão estratégica do relacionamento com a América do Sul. No caso do Paraguai, seria necessário modificar um pouco a política, ter, mais do que uma presença, uma proposta. De outro lado, houve também influência dos militares brasileiros, que mantinham uma missão no Paraguai, sempre com a idéia de procurar não hostilizar. Naquele tempo havia a percepção, que depois se perdeu, de que a Argentina era a fronteira mais sensível, tanto que o grosso do Exército brasileiro estava concentrado ali. A hipótese número um de guerra era com a Argentina; portanto, era preciso neutralizar o flanco do Paraguai. Havia esse componente e, por fim, houve também a decisão do Juscelino, uma decisão de estadista. Getúlio, por exemplo, já olhava o Paraguai de outra forma. Achava importante, mas pouco fez. No tempo do Juscelino foi que houve a inflexão de fato.

Recentemente houve um congresso no Chile, da National Defense University, e um participante paraguaio fez um pronunciamento muito hostil ao Brasil, apontando uma nova invasão de brasileiros, que estariam tomando as terras paraguaias. Seriam os "brasiguaios", um novo motivo de hostilidades.

Sem dúvida precisamos tomar cuidado com isso. Mas agora vivemos uma outra realidade. O Mercosul[11] mudou tudo, o progresso é evidente em Assunção, e não se pode retroceder.

Quando o senhor foi para Assunção, em 1955, Stroessner[12] já era o presidente do Paraguai.

Já era presidente. Anos depois visitei o Paraguai como secretário-geral da OEA, ele me recebeu em palácio, e eu disse: "Presidente, se o senhor me permite, quero assinalar um aspecto muito curioso. Quando estive aqui como terceiro-secretário, o senhor era presidente; andei pelo mundo, tive uma carreira diversificada, e o senhor ficou na mesma esse tempo todo?" Ele riu.

---

[11] O Mercado Comum do Sul (Mercosul) foi criado em 1991, com a assinatura do Tratado de Assunção por Brasil, Argentina, Paraguai e Uruguai. Ver www.mercosul.gov.br.
[12] Alfredo Stroessner chegou ao poder no Paraguai em 1954 através de um golpe de Estado que depôs o presidente Federico Chávez. Governou 35 anos, até ser deposto em 1989 por um golpe militar comandado por Andrés Rodriguez, e exilou-se no Brasil. Ver www.hyperhistory.net.

Como funcionava a política local na sua época? O Partido Colorado, do Stroessner, era um partido militar?

Havia, naquele momento, três partidos: o dos Colorados e o dos Liberais, e ainda o dos Febreristas. O Partido Colorado mobilizava mais as forças do interior, era muito mais popular que o Partido Liberal. Já os Febreristas queriam ser um partido intermediário; ficavam tentando caminhar entre os dois, sem muito futuro. Foi Stroessner quem disciplinou o Partido Colorado, incorporando os militares, tanto que todos eles tinham carteirinha do partido. E é por isso que se diz que o Partido Colorado era um partido militar. Alguns historiadores tentaram me explicar que o Paraguai não pode funcionar como uma democracia, porque os paraguaios não podem viver sem um chefe. Historicamente os guaranis já teriam essa estrutura, depois vieram os padres, o Francia, os López e, no século XX, o Stroessner. Isso para mim não é satisfatório.

Crise em Portugal

Depois de Assunção, em 1957, o senhor foi para Lisboa. Como foi essa experiência?

Eu dizia para os meus colegas: "Vocês vão para a geografia, e eu sigo na história..." Logo que cheguei a Lisboa fiz amigos, começamos a freqüentar os portugueses, e fui a uma reunião muito interessante onde estava Sophia de Mello Breyner Andresen, que naquele momento ainda não tinha a projeção internacional como poeta que veio a ter depois. Conversando, perguntei-lhe o que havia para ver em Portugal. A resposta foi: "A transparência da luz, a nostalgia dos poetas e a resignação dos pobres". Muitos anos depois, já na democracia, conversando com amigos portugueses que sabiam dessa história, perguntei se ainda concordavam com a filosofia da Sophia de Mello Breyner. Disseram: "A transparência da luz continua a mesma, os poetas perderam a nostalgia e os pobres estão muito impacientes"...

Quando cheguei a Portugal, ainda era a época do Salazar.[13] Tínhamos como embaixador Álvaro Lins, ex-chefe da Casa Civil de Juscelino, escritor admirável, autor da melhor biografia do barão do Rio Branco que

---

[13] Antônio de Oliveira Salazar iniciou sua carreira política em 1928, quando foi nomeado ministro das Finanças pelo marechal Antônio Carmona, que assumira o poder em 1926 e naquele ano foi eleito presidente da República. Nomeado primeiro-ministro em 1932, iniciaria a partir de então uma longa ditadura: foi presidente do Conselho de Ministros até 1968, quando problemas de saúde o obrigaram a transferir o cargo para Marcelo Caetano. Ver *GEDL*.

conheço. Foi a minha única experiência com um embaixador de fora da carreira, mas que tinha a sabedoria de ouvir os seus funcionários. Nós, os jovens, julgávamos que era preciso encaminhar as relações Portugal-Brasil sem aquela idéia de "Portugal meu avozinho". Para nós não dava mais, era preciso acabar com aquilo.

Fiquei encarregado da parte cultural da embaixada, e isso me proporcionou um convívio muito grande com os escritores e intelectuais portugueses, todos da oposição. Em matéria de comércio, não havia problemas. Em matéria de política, sim, porque os comendadores exercem uma enorme influência no Brasil, e isso nos levava a situações incômodas. Por exemplo, sempre defendíamos na ONU as posições portuguesas, o que significava a manutenção das colônias e, naquele tempo, do *apartheid*. Na área de intercâmbio cultural, sempre se podia fazer algo de novo. Eu tentava fazer alguma coisa, mas é claro que também havia dificuldades — mesmo hoje, anos depois, continuam os problemas para exportar livros brasileiros para Portugal e vice-versa; em geral os direitos são reservados só para Portugal, ou só para o Brasil. Na área teatral, tínhamos uma grande participação. As companhias brasileiras iam com freqüência a Portugal, e isso também nos trazia grandes problemas com a censura.

Lembro-me de dois episódios. Um deles foi com Maria Della Costa, que levou a peça *Gimba*, que só tinha a ver com o Brasil, mas com a qual a censura implicou. Na última hora conseguimos que fosse liberada. Houve outro caso mais grave, com *A raposa e as uvas*, de Guilherme Figueiredo, levada pela companhia de Walmor Chagas e Cacilda Becker. Estávamos todos da embaixada no teatro, quando veio a empresária da companhia e disse para o embaixador: "Estamos proibidos de abrir a cortina, porque a censura disse que a peça é subversiva. O que vamos fazer?" O teatro estava lotado — qualquer coisa vinda do Brasil lotava os teatros —, e Álvaro Lins disse uma frase que se tornou histórica para mim: "Abre a cortina, que a embaixada garante". Quando a cortina abriu, a platéia veio abaixo.

Esse era um pouco o ambiente. Além disso, havia aquelas atividades acadêmicas tradicionais, visitas à Universidade de Coimbra, com todo aquele cerimonial... Tudo isso fazia parte da rotina. Até que veio o episódio do general Humberto Delgado nas eleições de 1958,[14] quando ele resolveu enfrentar Salazar. Parêntese: acho que Salazar merece um estudo em profundidade. Jamais vi figura tão obcecada pelo poder em si. Se você comparar a personalidade de Salazar com a de Franco, ou com a de qualquer outro ditador, verá

---

[14] Na eleição do sucessor de Craveiro Lopes na presidência da República, em 1958, o general Humberto Delgado apresentou-se como candidato de oposição e foi derrotado por Américo Tomás, da União Nacional, único partido permitido pela ditadura salazarista. Ver *GEDL*.

que é bem diferente. Ele morava num apartamento modesto, atrás da Assembléia Nacional, não tinha farda, usava o seu terno e o seu colete, ou então a sua casaca, sem penduricalho algum. Mas tinha um poder enorme. E era isso o que ele queria. Fecha parêntese.

O general Delgado era um produto do regime, fez toda a carreira na Força Aérea de Salazar, mas em 1958 resolveu lançar-se candidato de oposição à presidência da República, o que já causou um certo mal-estar. Quando começou a campanha, fez um comício no Porto, e nunca se viu tanta gente numa manifestação política. Na ocasião os jornalistas foram entrevistá-lo e perguntaram: "Se for eleito, o que o senhor fará com o presidente do Conselho de Ministros?" — ou seja, com Salazar. Ele respondeu: "Demito-o". Abriu-se o confronto.

Algum tempo depois, em janeiro de 1959, Delgado entra um belo dia na chancelaria da embaixada do Brasil, no Bairro Alto, e diz a um dos meus colegas: "Sou o general Humberto Delgado, e aqui estão as minhas pistolas. Peço asilo ao governo brasileiro". Começava ali uma crise que iria durar três meses. Antes de formalizar o asilo, Álvaro Lins ainda procurou uma solução que evitasse a crise. Na noite daquele mesmo dia, um avião da Panair viria para o Brasil, e Delgado tinha o passaporte válido. Álvaro Lins foi ao ministro Marcelo Matias e disse: "Podemos resolver essa situação sem crise. Damos o visto no passaporte do Delgado, e ele vai embora para o Brasil". Marcelo Matias considerou a solução racional. Álvaro Lins reuniu o pessoal da embaixada para preparar a saída do Delgado, mas pouco depois liga Marcelo Matias e diz: "Nada feito". Tinha ido consultar Salazar, que decretou: "Não sai". Nesse momento, formalizamos o asilo. Juridicamente estávamos cobertos, porque os portugueses tinham exercido o direito ativo de asilo no Brasil depois da revolta integralista de 1938, quando acolheram, entre outros, Plínio Salgado. De acordo com os princípios do direito internacional, eles tinham que aceitar o direito passivo de asilo. As áreas política e jurídica do Itamaraty aprovaram nossa ação, e fomos em frente.

A primeira providência foi retirar o general Delgado da chancelaria, onde não havia condições de hospedá-lo, e levá-lo para a residência do embaixador, na rua Antônio Maria Cardoso. A residência ficava ao lado do quartel-general da Pide (Polícia Internacional de Defesa do Estado). Delgado se punha diante da janela da embaixada e ficava fazendo ginástica e insultando o pessoal da Pide, que estava a uns cinco metros dele. Nós não podíamos fazer mais nada, pois o governo português nos tinha desestimulado. Mas eles dispunham de um elemento de pressão fortíssimo no Brasil: os comendadores, que começaram a mandar emissários para resolver o problema.

Chega o primeiro emissário, Carlos Lacerda, e Álvaro Lins, muito sabiamente, diz: "Você converse com os rapazes". Nós, com aquele entusiasmo da juventude, dizíamos que íamos cumprir o que estava escrito; se estava escrito, tínhamos que fazer. Volta Carlos Lacerda para o Brasil, e chega Assis

Chateaubriand, que era nosso embaixador em Londres. Depois de nos ouvir, ele diz: "Vocês têm que mudar de atitude! Por que vocês estão em estado de inconfidência mineira? Vocês têm que ser coloniais e submissos!" Sai Assis Chateaubriand e vem o secretário-geral do Itamaraty, Antônio Mendes Viana. A única defesa da embaixada era o direito, que também é uma arma política. Sabíamos que, se resistíssemos, a coisa terminaria a nosso favor. Não adiantaram as ameaças administrativas que o secretário-geral pudesse fazer. O último emissário foi um senhor chamado João Dantas, diretor do *Diário de Notícias*, que chegou e disse: "Vim para levar o Delgado".

As coisas afinal se resolveram, porque entrou em cena a diplomacia portuguesa — entre as diplomacias que respeito está a portuguesa. Portugal não tinha poder militar, não tinha poder econômico e financeiro, mas tinha poder político e diplomático. Foi pela diplomacia que conseguiu resistir tanto na África. Outro exemplo, menor naturalmente, foi esse do caso Delgado. Era 1959, estavam-se preparando para o ano seguinte as chamadas Comemorações Henriquinas — os 500 anos da morte do infante d. Henrique —, e eles mandaram um emissário ao Brasil a fim de convidar Juscelino para ser co-anfitrião das comemorações. Não há vaidade que resista a isso... Começaria então uma hostilidade maior contra a embaixada, pela resistência que fazíamos a Salazar. No Brasil também havia a resistência da imprensa, sem dúvida alguma.

Durante esse período, apareceu Érico Veríssimo fazendo conferências em Portugal. Foi fazer uma palestra no Teatro D. Maria II, em Lisboa. Teatro lotado, ele acaba de falar, e começam as perguntas: "O que o senhor acha da censura?" Ele responde: "Sou contra. Deve acabar". Começam os gritos: "Viva a República Brasileira!", "Viva o Brasil!" Nós estávamos no camarote com Álvaro Lins, que foi ficando animado. Um colega meu, Alarico Silveira, disse: "Embaixador, fique firme, não acene, eles saberão compreender". Érico Veríssimo saiu aplaudido, e isso complicou ainda mais a nossa vida. Parecia claro que a ação da diplomacia portuguesa diretamente sobre Juscelino teria êxito, e que estavam se modificando as atitudes do Itamaraty e também da presidência em relação a Álvaro Lins. Afinal, chegamos a uma solução que foi exatamente aquela que tínhamos sugerido desde o início: o avião da Panair. O general Delgado saiu num carro da embaixada até o aeroporto, e o segundo-secretário Jorge Paes de Carvalho foi dar-lhe o visto dentro do avião.

O que aconteceu foi que, com o caso Delgado, abriu-se uma fase de asilos em Lisboa. Houve o asilo do capitão Galvão na embaixada da Venezuela, depois um outro na embaixada da Argentina. Talvez o fato de ter havido esses dois novos asilos tenha abalado um pouco a intransigência de Salazar em relação à saída do Delgado. Essa teria sido uma motivação negativa. A motivação positiva foi Juscelino ter aceitado o convite que lhe foi feito. Sem dúvida isso contribuiu para a flexibilização. Agora, para o governo português, a maneira como Delgado veio para o Brasil foi um erro. Como ele veio com visto normal, sem *status* de asilado político, ao chegar aqui fazia campanha, dizia o que bem queria.

Ele seqüestrou um navio, não foi?

Não, quem seqüestrou o *Santa Maria* foi o Galvão, um pouco depois.[15] A agitação continuou. Alguns anos mais tarde, Delgado acabou morto na fronteira da Espanha com Portugal.[16]

Para Álvaro Lins, como acabou esse episódio?

Quando acabou a crise, Álvaro Lins tirou férias, foi para a Itália, e os portugueses começaram a nos dizer: "Ele não volta mais aqui nem para tirar os papéis da mesa". Entramos em contato com ele e pedimos que voltasse, pois não podíamos levar esse desaforo para casa. Ele voltou, e Juscelino lhe ofereceu a embaixada no México, mas ele não quis. Fez toda a burocracia que precisava fazer para deixar o posto, fechou a sua missão, veio para o Brasil e se transformou num líder da oposição, até veemente. E para o seu lugar em Lisboa foi mandado Negrão de Lima,[17] que tinha sido o chanceler durante toda a crise. Negrão chegou de navio, com aquele seu chapéu *gelot*, e fomos recebê-lo no cais. Era nossa obrigação. Eu estava presente e vi quando um jornalista português lhe perguntou: "Embaixador, qual é o programa que o senhor traz para a sua missão em Portugal?" Resposta do Negrão: "Não trago programa, vim amar Portugal"... Cheguei em casa e disse para Gláucia: "Vamos embora". Telefonei para o ministério para perguntar que postos havia disponíveis, soube que havia a Guatemala, e resolvi ir para lá. Todos nós que estávamos na embaixada em Lisboa saímos naquela hora, ninguém nosso ficou. Depois de tudo, mandarem para nos chefiar o chanceler que tinha sido um dos protagonistas da crise, ou era falta de sensibilidade ou era provocação.

Guatemala: história cruel e rica expressão cultural

Quer dizer que depois de ter vivido entre os guaranis, no Paraguai, em 1960 o senhor foi viver entre os maias, na Guatemala...

Exato. Na América Central, há um país branco, que é a Costa Rica, porque nem os indígenas nem os negros podiam passar de determinada alti-

---

[15] Quando, em janeiro de 1961, um comando tomou o paquete *Santa Maria* em pleno oceano Atlântico com o objetivo de rumar para a capital de Angola, onde se preparava um levante anticolonialista, o general Delgado assumiu a responsabilidade política pelo ato, ao lado de Henrique Galvão, outro dissidente do regime salazarista. Ver www.humberto delgado.pt.
[16] Perseguido pela Pide, o general Delgado foi assassinado em Badajoz em fevereiro de 1965. Idem, ib.
[17] Francisco Negrão de Lima, político ligado ao PSD mineiro, foi ministro das Relações Exteriores (1958-1959) do governo Juscelino Kubitschek. Foi em seguida embaixador do Brasil em Portugal (1959-1963). Ver *DHBB*.

tude, era proibido; há um país mestiço, que é El Salvador, que tem a maior mistura de raças; e há um país essencialmente indígena, que é a Guatemala, com mais de 50% da população de índios. São todos países de histórias muito difíceis, mas a Guatemala tem ao mesmo tempo uma história cruel e uma expressão cultural da mais alta categoria. Na arte literária, por exemplo, tem o Prêmio Nobel Miguel Angel Asturias; na música, tem rituais indígenas que são uma beleza. É um país lindo.

O senhor visitou muitas ruínas?

Sim, e não só na Guatemala, como em Honduras, toda aquela região. As excursões turísticas, naquele tempo, eram feitas nuns aviõezinhos que desciam em campos onde havia galinhas, gado etc. Quando o avião começava a descer, ia-se gritando para afastar os bichos... Foi assim que fui conhecer as ruínas maias. Outra lembrança que ficou dessa época foi a das erupções vulcânicas.

Quais eram os interesses brasileiros na Guatemala no início dos anos 1960?

O interesse que tínhamos era sobretudo o café. A Guatemala é nossa concorrente, tem um café da mais alta qualidade. A embaixada fazia a verificação das estatísticas de exportação. Na parte econômica, era mais isso. Começamos também a fazer exposições de divulgação cultural, que iam à Guatemala e ao México.

O problema político maior eram os cubanos. Durante o tempo em que estive lá, de 1960 a 1962, foi feito na Guatemala o treinamento de 2 mil cubanos exilados, que passaram para a Nicarágua e de lá foram para a Baía dos Porcos, ou *Bahía de los Cochinos*.[18] Tanto isso é verdade que, depois do episódio, um amigo meu chamado Roberto Alejos, grande exportador de café, me convidou para ir à fazenda dele e, ao chegar lá, mostrou uns galpões enormes e disse: "Você sabe, aqui nesta casa foram treinados os 2 mil cubanos. Eles dormiam nesses galpões. Havia 2 mil camas, 2 mil lençóis, 2 mil cobertores. Pedi esse material para dar para os hospitais da Guatemala, mas o pessoal da CIA não me deu nada, levou tudo!" Estava revoltado com a CIA. Não há confissão mais evidente de tudo o que se desmentia por fora.

---

[18] Em 17 de abril de 1961, exilados cubanos desembarcaram na Baía dos Porcos, em Cuba, numa tentativa fracassada de derrubar o governo de Fidel Castro. Ver *GEDL*.

O que fazia um fazendeiro da Guatemala hospedar essas tropas de cubanos?

A posição ideológica, porque ele achava que Cuba ia exportar a revolução para a América Central. Parecia que tinha chegado a oportunidade de acabar com Fidel Castro, como se dizia, criando focos de guerrilha. Era a visão dos cubanos de Miami, dos cubanos da CIA.

Qual era a situação política da própria Guatemala?

Quando chegamos, o presidente era o general Ydígoras Fuentes, uma figura folclórica, mas muito boa pessoa. A Guatemala tinha passado por um processo doloroso. Após uma série de ditaduras, tinha sido instituído o sistema democrático, e nesse período Jacobo Arbenz fora eleito presidente. Arbenz resolveu enfrentar a United Fruit, que era dona do país, possuía extensões de terra, ferrovias, porto, e isso significou o começo da decadência. Arbenz também queria armar o exército, mas ninguém lhe vendia armas, só a Tchecoslováquia. Esse foi mais um fator de desconfiança e hostilidade, que o fez ser carimbado como comunista. Os americanos começaram a organizar contingentes armados em Honduras para invadir a Guatemala e deram o comando desses contingentes ao general Castillo Armas. O general invadiu o país, derrubou Arbenz e instalou um governo autoritário. A seguir, Castillo Armas foi assassinado por um membro da sua guarda pessoal. Esses eram os antecedentes mais imediatos do general Ydígoras Fuentes, que foi eleito numa eleição um pouco cosmética, mas tentava fazer alguma coisa.

Ydígoras Fuentes era um tipo pitoresco. Uma vez foi acusado de não ter mais saúde para ficar na presidência, foi à televisão e passou 15 minutos pulando corda! Quando acabou de pular, disse, presumivelmente dirigindo-se aos líderes da oposição: "Agora, vocês, que disseram que eu não tinha saúde, venham aqui fazer a mesma coisa!" Outra ocasião, seus ministros foram acusados de corrupção, e ele foi de novo para a televisão com todos eles. Comandando a câmera, enquadrava um, apresentava e dizia: "Este não tem onde cair morto, não tem dinheiro!" Passava para outro: "Este, por que vai roubar? Tem muito mais dinheiro que nós todos na Guatemala!" E assim foi, de um em um.

Outro episódio curioso na Guatemala foi que em determinado momento eu estava encarregado de negócios e me telefonou o correspondente da agência France Presse perguntando: "Que declarações você tem a respeito da renúncia do presidente Jânio Quadros?" Era dia 25 de agosto de 1961. Respondi: "Nego. Isso é intriga, o presidente foi eleito com um contingente grande de votos. É o pessoal de fora que quer derrubar a política externa brasileira". Por via das dúvidas, fui para a embaixada para ver se havia algo. Temos uma tradição, que é a seguinte: quando você está numa embaixada, e vem uma circular dizendo que "reina a tranqüilidade em todo o país", você sabe que não é nada disso. Quando cheguei à embaixada e vi uma circular com esses dizeres, pensei: estamos perdidos. E aconteceu o que se sabe.

A Guatemala é um dos lugares a que volto quando posso. Desde aquela época era um país de vanguarda em matéria de tolerância social. Certa vez, fui a um banquete em homenagem ao presidente do Peru, Manoel Prado. Todos os homens usavam casaca e condecorações. Sentada ao meu lado, estava uma pessoa também de casaca, mas todo mundo que passava cumprimentava: *"Que tal doña Julia, como estás?"* Doña Julia era prima e secretária particular do Ydígoras Fuentes. Ele tinha querido nomeá-la ministra da Educação, mas os padres não concordaram. Ficou como secretária. Era uma senhora que se vestia de homem, cortava o cabelo como homem, e vivia com uma inglesa. Isso, nos anos 1960. A Guatemala não estava na frente, na vanguarda dos acontecimentos?

A política externa independente e a África

Em 1962, já no governo João Goulart, o senhor deixou a Guatemala e voltou para o Brasil para chefiar a Divisão da África. Eram tempos de política externa independente. Como essa política era vista pelos diplomatas?

Pode-se fixar o início dessa política um pouco antes, no governo Jânio Quadros, com Afonso Arinos como chanceler.[19] Houve então uma consulta individual — coisa inédita — a todos os diplomatas, perguntando o que estávamos achando das grandes linhas da política exterior. Respondi dando apoio, mas muita gente reagiu contra, porque achava que a consulta era uma forma de identificar os opositores, uma armadilha. Eu não via assim, achava a consulta legítima. Mas não conheço o resultado, porque estava na Guatemala, e as respostas foram examinadas no Rio.

A Divisão da África, que chefiei quando voltei para o Rio, era uma coisa totalmente nova. A política africana tinha sido iniciada por Jânio Quadros, aliás, com alguns equívocos. Jânio mandou para a embaixada do Brasil em Gana o escritor e jornalista Raimundo Souza Dantas, que era negro, e o Nhkrumah levou três meses para receber as suas credenciais, não queria rece-

---

[19] Afonso Arinos de Melo Franco, intelectual e político ligado à UDN carioca, foi ministro das Relações Exteriores do governo Jânio Quadros (janeiro a setembro de 1961) e do governo João Goulart (julho a setembro de 1962), no gabinete parlamentarista de Brochado da Rocha. Ver *DHBB*; ver também *O intelectual e o político: encontros com Afonso Arinos*, org. por Aspásia Camargo, Maria Clara Mariani e Maria Teresa Teixeira, Brasília, Senado Federal, Dom Quixote/Rio de Janeiro, CPDOC-FGV, 1983.

bê-las. Disse que tinha havido discriminação: "Por que mandam um negro para cá, por que não mandam para a Suécia?" Para ele, isso é que seria prestigiar os negros na sociedade brasileira.

A Divisão da África, em 1962, era mal-aparelhada, tudo era muito recente. A primeira dificuldade era como chamar os países da África. Quem ajudou a definir esse ponto foi Antônio Houaiss, que defendia que um país que já tinha fixado o seu nome em português deveria conservá-lo. Falava-se em Costa dos Camarões, Costa do Marfim, Costa do Ouro, como nas viagens dos portugueses. Adotou-se Camarões, Costa do Marfim ainda ficou, mas Costa do Ouro passou a ser Gana.

Fizemos coisas interessantes, como a primeira viagem à África de um navio-feira, com uma exposição comercial. Fomos a Gana, Costa do Marfim, Nigéria e Moçambique. Era tudo pioneiro, novo, interessante. Existia na época um Centro de Estudos Afro-Asiáticos, onde estavam Cândido Mendes, Hélio Jaguaribe, Eduardo Portela, que nos davam apoio. Nossa grande dificuldade, politicamente comprometedora, eram os votos nas Nações Unidas. O único que mudou o nosso voto foi Jânio; mesmo com Jango apoiávamos Portugal quando vinham os projetos de resolução sobre colonialismo. E fomos cobrados por isso, após a independência de Moçambique.

Visitei também o Senegal e o Congo. Naquele tempo, o Brasil mantinha no Congo uma missão da Aeronáutica a serviço das Nações Unidas. Fazia parte de uma operação de paz, após o assassinato do Lumumba.[20] Nessa viagem conheci o tenente-coronel Mobuto, que foi presidente e dono do Congo até recentemente.[21] Havia uma retórica de democracia, de independência, mas na realidade o país estava dilacerado pela guerra civil estimulada pelos europeus.

Até Jânio Quadros e Afonso Arinos, as relações do Brasil com a África não tinham importância, eram mais ou menos ditadas por Portugal?

Eram. Nós tínhamos alguns consulados na África que davam apoio aos navios. Havia navegação comercial, mas pouco intensa. Tínhamos um consulado de carreira em Dacar, um consulado honorário em Luanda, depois abrimos um em Lourenço Marques...[22] Não mais do que isso. Não havia se-

---

[20] Primeiro-ministro da República Democrática do Congo quando da independência, em junho de 1960, Patrice Lumumba foi deposto em setembro seguinte e assassinado em janeiro de 1961. Ver http://en.wikipedia.org.
[21] Mobuto Seze Seko foi presidente do Zaire (República Democrática do Congo) por 32 anos, de 1965 a 1997. Ver http://en.wikipedia.org.
[22] Com a independência de Moçambique em 1975, Lourenço Marques passou a chamar-se Maputo.

quer intercâmbio de livros e publicações. A revista *O Cruzeiro*, por exemplo, não podia entrar em Angola sem antes passar por Lisboa. Havia um empecilho político levantado por Portugal para um maior relacionamento nosso com a África.

Enfim, depois de algum tempo saí da Divisão da África e fui para o Gabinete do Ministro, que na época era o embaixador João Augusto de Araújo Castro.[23] No ministério, Araújo Castro conseguiu em pouco tempo impor uma política muito mais realista e consistente. Tinha experiência nos fóruns multilaterais. Foi curta a sua gestão, ficou pouco menos de um ano, mas foi um período de muito proveito, que se concluiu com a primeira Unctad.[24]

---

[23] Araújo Castro foi ministro das Relações Exteriores do governo João Goulart (julho de 1963 a 31 de março de 1964). Empenhado em salientar o caráter profissional de sua função como chanceler e evitar qualquer participação na política interna do governo Goulart, não foi cassado pelo governo militar. Após um período como embaixador em Atenas e em Lima, foi embaixador do Brasil na ONU (1968-1971) e nos Estados Unidos (1971-1975). Ver *DHBB*.

[24] A primeira reunião da United Nations Conference on Trade and Development foi realizada entre março e junho de 1964. Ver www.mre.gov.br.

Capítulo 2

O ITAMARATY NO REGIME MILITAR

Política externa não é geometria

Em 1964, com o golpe militar, Araújo Castro deixou o Ministério das Relações Exteriores, e em seu lugar assumiu Vasco Leitão da Cunha.[25] Nessa época o senhor ainda estava servindo no Gabinete do Ministro?

    Estava, mas quando o embaixador Antônio Castello Branco Filho foi feito secretário-geral, passei do Gabinete do Ministro para a Secretaria Geral. Como chefe de gabinete do secretário-geral, eu fazia um trabalho mais burocrático, de assessoramento. A política externa da época não me entusiasmava. Foi definida como sendo de "círculos concêntricos": primeiro o hemisfério, depois a Europa, depois o mundo. Ora, política externa não é geometria. Como tampouco é zoologia. Outro dia, quando me perguntaram o que acho dos "países-baleias",[26] respondi: "Diplomacia não é jardim zoológico, não pode haver país-baleia, país-formiga, não se pode classificar os países dessa maneira!" Os círculos concêntricos eram apenas retórica.

---

[25] Vasco Leitão da Cunha, diplomata de carreira, foi ministro das Relações Exteriores (abril de 1964 a dezembro de 1965), nomeado pelo presidente interino Ranieri Mazzilli e confirmado por Castelo Branco. Ver *DHBB* e Vasco Leitão da Cunha, *Diplomacia em alto-mar: depoimento ao CPDOC*, Rio de Janeiro, FGV, 1994.
[26] Expressão criada pelo pensador britânico Halford McKinder (1861-1947), para quem a Inglaterra seria um "país-baleia", a Rússia, um "país-urso" etc. Foi usada com referência ao projeto do governo Lula, de estabelecer um fórum político de países emergentes, o chamado G-5, que reuniria Brasil, África do Sul, Índia, China e Rússia.

Um episódio que me deixou inquieto foi a invasão da República Dominicana em 1965,[27] que alguns achavam e continuam achando que foi ilegítima, e que deixou o Brasil muito mal. Se os americanos queriam invadir, que invadissem. Mas foram acompanhados por Brasil, Paraguai, Honduras, Nicarágua e Costa Rica. Foi um episódio que não me agradou. Algum tempo depois houve mudança de ministro, e assumiu Juracy Magalhães. Eu estava presente quando ele disse a frase célebre, "o que é bom para os Estados Unidos é bom para o Brasil", ninguém me contou.[28] Quando o vi assumindo o ministério, pensei: está na hora de cair fora. Escolhi o consulado em Florença, e foi uma ótima escolha. Florença é a cidade onde tudo aconteceu, a cidade-síntese. É admirável a sua contribuição à civilização, em todos os campos que se queira imaginar — política, cultura, ciência, tudo.

O interesse maior do nosso consulado em Florença era o cemitério de Pistóia, onde estavam enterrados os soldados brasileiros que morreram na Itália — depois, acho que equivocadamente, seus restos foram retirados e trazidos para o Monumento aos Pracinhas, no Aterro do Flamengo. Naquele cemitério construiu-se um monumento de simplicidade comovedora, projetado pelo arquiteto do Itamaraty, Olavo Redig de Campos. Ele concebeu uma arquitetura com um altar e um muro ao fundo, no qual inscreveu os nomes de cada um dos soldados e oficiais mortos em combate. Esse conceito — uma parede para registrar a memória —, vim a ver depois em Washington, no monumento aos mortos do Vietnã. Como cônsul, inaugurei o monumento de Pistóia, em companhia do nosso embaixador na Itália. Quando li os nomes, um dos que mais me tocaram foi o de José Tamborim. Imaginem, de onde deve ter vindo esse rapaz, para morrer na Itália? Não devia ter mais de 19 anos... Eu visitava o cemitério sempre que podia. Cumpria também outras tarefas, como cuidar do intercâmbio de estudantes. Havia muitos estudantes brasileiros não só em Florença, como em toda a Toscana.

---

[27] Em 28 de abril de 1965, em meio a uma crise política local, tropas americanas invadiram a República Dominicana com o objetivo de prevenir o estabelecimento de um novo governo socialista no continente. No mês seguinte, o Brasil liderou na OEA a formação da FIP (Força Interamericana de Paz), e organizou um destacamento, a Faibrás, que embarcou em seguida para a República Dominicana. Ver *DHBB*, verbete Castelo Branco.

[28] Político de longa carreira na Bahia, Juracy Magalhães apoiou o golpe de 1964 e exerceu importantes cargos no governo Castelo Branco: foi embaixador nos Estados Unidos (1964-1965), ministro da Justiça (1965-1966) e ministro das Relações Exteriores (janeiro de 1966 a março de 1967). Pronunciou a frase famosa antes de ir para Washington num almoço oferecido pela Câmara de Comércio Norte-Americana em São Paulo. Ver *DHBB* e Juracy Magalhães, *Minhas memórias provisórias (depoimento ao CPDOC)*, coord. Alzira Abreu, Rio de Janeiro, Civilização Brasileira, 1982.

Depois de Florença fui para Bruxelas, de 1966 para 1967, reencontrar meu chefe na Secretaria Geral, Antônio Castello Branco, que lá estava como embaixador. A embaixada na Bélgica era cumulativa com Luxemburgo, e o trabalho, de rotina. Consolidava-se a Comunidade Européia, e era interessante acompanhar o processo. Bruxelas era uma cidade agradável, com muita vida cultural e excelentes restaurantes, mas naquele momento caracterizava-se por um alto grau de xenofobia, sobretudo em relação aos latino-americanos. Eu procurava apartamento nos jornais, e os anúncios traziam a nota: "Africanos e latino-americanos, abstenham-se". Um belo dia, depois de estar morando há três meses no apartamento que aluguei, recebi uma carta da administradora pedindo que eu não usasse o banheiro depois de dez horas da noite. Respondi: "Os senhores têm toda razão, mas peço uma dose de compreensão, porque, primeiro, nós somos indígenas e nos banhamos várias vezes ao dia. Segundo, recebo em casa, por obrigação funcional, os seus compatriotas; já proibi o meu pessoal de usar o banheiro, mas não vou fazer um ato de indelicadeza com os seus compatriotas. Terceiro, tudo isso se explica pela má qualidade da construção civil daqui, que não tem engenheiros capazes de usar material isolante. Esta é a explicação de toda a sua inquietação". Nunca me responderam, mas também nunca mais reclamaram. Mas o sentimento xenófobo existia.

Uma coisa curiosa na Bélgica era a briga tribal entre valões e flamengos. A disputa chegava ao ponto de se ter o nome das ruas escrito nos dois idiomas. No serviço público, no serviço diplomático, era a mesma coisa: se o embaixador fosse valão, o ministro-conselheiro tinha que ser flamengo, para equilibrar as duas tribos. O que os une é o interesse, ainda mais agora, que Bruxelas é a capital da Europa. Eles se agüentam, mas não se gostam.

Em 1968, deixei Bruxelas e fui para a ONU, em Nova York, onde reencontrei Araújo Castro, que chefiava a missão brasileira. Nas Nações Unidas aconteceram muitas coisas que nos irritaram, sobretudo na política africana. Houve um momento, na Assembléia Geral, em que o Brasil votou sozinho com a África do Sul. Até Portugal saiu da sala, e nós não. Isso fazia muito mal ao Araújo Castro, porque ele pensava diferente, mas era a instrução que vinha do ministério, e ele tinha que cumprir. Ou você cumpre a instrução, ou então vai embora.

Naquela época o Brasil estava no Conselho de Segurança como membro temporário, e Araújo Castro presidia o Conselho. A praxe era que o presidente consultasse os membros permanentes antes de fixar uma sessão ordinária, e mais ainda se a sessão fosse extraordinária. Araújo Castro decidiu convocar uma sessão e começou a fazer as consultas. Ligou para o embaixador soviético e disse: "Embaixador, estou convocando uma sessão do Conselho para amanhã às 14 horas". O embaixador perguntou: "Para tratar de que assunto?" Os tanques soviéticos já passeavam nas ruas de Praga. Araújo Castro presidiu a sessão do Conselho durante umas oito ou dez horas, todos nós sentados, esperando chegar o ministro do Exterior tcheco, que tinha pedido para falar e estava voando do seu país. Araújo Castro não podia se levantar, pois não havia a quem passar a presidência do Conselho, e resistiu na cadeira da presidência até que o ministro tcheco fizesse a sua apresentação. Naquele momento, as coisas eram mais simples, porque eram mais definidas, mais claras. Agora a situação é mais complexa, as linhas estão muito embaralhadas. O Conselho de Segurança, hoje, é muito diferente.

Além das reuniões da Assembléia Geral e do Conselho Econômico e Social, tive essa experiência importante no Conselho de Segurança, que foi muito enriquecedora. A política externa brasileira naquele momento era correta, inclusive o Brasil não assinou o Tratado de Não-Proliferação Nuclear.[29] Mas ainda esbarrávamos na questão do colonialismo português.

Documentários da Aerp

De 1970 a 1974, no governo Médici, o senhor se licenciou do Itamaraty e foi trabalhar com o então coronel Octavio Costa na Aerp, Assessoria Especial de Relações Públicas da Presidência da República. De onde veio seu contato com Octavio Costa, e por que o senhor foi convidado a ir para a Aerp?

Conheci Octavio Costa em Assunção quando ele era major, membro da missão militar do Brasil no Paraguai, e ficamos muito amigos. Depois, cada um seguiu o seu caminho. De tempos em tempos, nos correspondíamos. Quando eu estava nas Nações Unidas, ele me escreveu convidando para assessorá-lo em uma nova atividade de que fora incumbido. Sempre tive grande admiração por ele, que sempre foi uma pessoa íntegra em toda a sua trajetória profissional, e aceitei o convite. Além do Octavio, estava na Aerp o coronel José Maria de Toledo Camargo, que depois escreveu um livro chamado *A espada virgem*, um depoimento muito sincero.[30]

Estávamos ali com o desafio de fazer uma coisa nova. O que se fazia na Aerp, na realidade, era um pouco de educação cívica, ou de formação de cidadania, como agora se diz, através de mensagens nacionalistas, de incentivo à organização da sociedade e à participação do cidadão. Um exemplo

---

[29] O TNP, proposto pelos Estados Unidos e a ex-União Soviética, foi assinado em 1968 e entrou em vigor em 1970. O Brasil só assinou o tratado em 1997. Ver www.energiatomica.hpg.ig.com.br.

[30] José Maria de Toledo Camargo, *A espada virgem: os passos de um soldado*. São Paulo, Ícone, 1995. O depoimento de Octavio Costa foi publicado em *Os anos de chumbo: a memória militar sobre a repressão*, org. por Maria Celina D'Araujo, Gláucio Ary Dillon Soares e Celso Castro, Rio de Janeiro, Relume Dumará, 1994.

eram aquelas campanhas que se faziam pela limpeza, com a figura do "Sujismundo", em filmetes que eram divulgados pela televisão. O objetivo era motivar a limpeza, não só pública mas também individual, incutir hábitos de higiene, sobretudo nas crianças. A idéia foi conduzida pelo Camargo. Houve uma licitação e ganhou uma empresa que propôs a criação de uma figura simpática, que motivasse tanto crianças quanto adultos. A filosofia era não hostilizar, não ir pelo lado negativo, e sim pelo positivo.

A Aerp foi muitas vezes associada ao famoso *slogan* "Brasil, ame-o ou deixe-o", mas há informações de que isso não foi criação da Aerp, e sim da Operação Bandeirantes, a Oban.

Essa foi uma carga que lançou sombras sobre as coisas positivas que foram feitas. Octavio passou realmente a ser visto como o responsável por esse *slogan*, logo ele, que era exatamente o anti-"Brasil ame-o ou deixe-o". Toda a filosofia da Aerp era agregar, e não excluir, e esse *slogan* era evidentemente excludente. O que mais me irritava ali, como sempre me irrita, era a mania de traduzir coisas do inglês. "Ame-o ou deixe-o" foi a má tradução de uns banqueiros de São Paulo que estiveram nos Estados Unidos e lá viram o *"Love it or leave it"*. Inclusive, em português ficou horrível, difícil de pronunciar. Octavio passou a ser apontado como responsável, quando na verdade sempre se manifestou contrário, desde o momento em que começaram a imprimir e a difundir o *slogan*.

O senhor sabe como surgiu a Aerp? [31]

A sigla Aerp era equivocada, porque não se tratava de relações públicas. Era um esforço mais na linha da comunicação social, que estava difícil nas condições do momento. Já cheguei com o bonde andando, mas acho que Octavio herdou a idéia e a modificou. O que acontecia, é importante deixar esse registro, é que nós nos sentíamos — pelo menos eu — numa posição um tanto estranha. O governo Médici, como se sabe, era uma tróica: Leitão de

---

[31] A Aerp foi criada em 15 de janeiro de 1968, durante o governo Costa e Silva, quando ficou sob o comando do coronel Hernani D'Aguiar. Chefiada pelo coronel Octavio Pereira da Costa durante o governo Médici (1969-1974), produziu filmes de propaganda governamental, vistos como "instrumentos de campanhas educacionais visando o fortalecimento do caráter nacional". Foi parcialmente desativada nos primeiros meses do governo Geisel, mas retomou suas funções após o fracasso do governo nas eleições parlamentares de 1974. De então até 1978 foi chefiada pelo coronel José Maria de Toledo Camargo. Ver Carlos Fico, *Reinventando o otimismo: ditadura, propaganda e imaginário social no Brasil (1969-1977)*. Rio de Janeiro, FGV, 1997.

Abreu cuidava dos assuntos administrativos e políticos, Delfim Netto dos assuntos econômicos, e Orlando Geisel dos assuntos militares e de segurança, enquanto Médici era mais um chefe de Estado. O que nós fazíamos não se enquadrava em nenhuma dessas três áreas. Por isso eu digo que me sentia um pouco *gauche* naquele esquema.

A Aerp funcionava dentro do Palácio do Planalto? Quantos funcionários tinha?

Tínhamos umas salas dentro do Palácio do Planalto. Além do Octavio, do Camargo e de mim, estava no Rio o professor Carlos Alberto Rabaça, que nos dava apoio. No total seriam umas dez pessoas, incluindo o pessoal administrativo.

O senhor estava bem na carreira diplomática, estava na ONU, servindo com Araújo Castro. Qual foi sua motivação ao vir para a Aerp?

Primeiro, a amizade com Octavio. Segundo, o interesse pela proposta que ele me apresentou. O terceiro motivo foi mais administrativo: eu já vinha de Florença e Bruxelas, estava no terceiro posto no exterior, e já estava na hora de voltar. Aconteceu essa oportunidade. Sempre tive uma vantagem, um privilégio, que foi o de trabalhar com pessoas amigas e íntegras. Saí então da chefia do Araújo Castro, que depois foi ser embaixador em Washington, para a do Octavio, que é uma pessoa que prezo muito. Os dois se davam bem e não houve nenhum trauma na minha saída.

Octavio Costa, nessa ocasião, já era reconhecido como intelectual?

Não só reconhecido, como também hostilizado. Era respeitado por causa dessa qualidade, mas ela também criava anticorpos em várias áreas, tanto que ele não chegou a general-de-exército, saiu antes.

Que atividade lhe coube, especificamente, dentro da Aerp?

Além das de rotina, coube-me uma atividade de que participei com grande interesse, que foi o cinema. Fui coordenador de dez filmes documentários sobre o Brasil e, ao lançar as concorrências, tive a oportunidade de conviver com os cineastas e estabelecer algum diálogo com eles. Foram dez curtas em 35mm que passaram em cinemas daqui e do exterior. Entregamos cópias ao Itamaraty, que as enviou para fora com os textos traduzidos. Os filmes tinham o objetivo de apresentar o Brasil com o menor viés possível de propaganda. Tínhamos um filme sobre as praias brasileiras: era só imagem e som, e no final vinham as legendas dizendo que as praias ficavam no Brasil, em Santa Catarina, Rio Grande do Sul, Pernambuco, Paraíba. Esse filme ganhou um prêmio num festival de filmes de turismo realizado na Venezuela.

Com que cineastas o senhor teve contato?

Muitos já desapareceram. Lembro-me de Aiglon Telles, Julio Heilborn, Thomas Somlo, Maurice Capovilla, Bartô Andrade. Uma linha de que não gostávamos era a do Jean Manzon, que chegou até a reclamar contra nós. Quando fazíamos as licitações, dávamos o tema, dizíamos o que queríamos — por exemplo, "queremos um filme de motivação e informação sobre o Brasil na área de turismo" —, os cineastas desenvolviam o projeto e davam o preço. Escolhíamos não pelo valor mais baixo, mas pelo valor criativo. Outro exemplo: "Queremos alguma coisa que mostre o intercâmbio de pessoas no Brasil". Houve uma proposta de acompanhar a viagem de um caminhão do Rio Grande do Sul até o Rio de Janeiro, mostrando a vida das pessoas, os caminhoneiros, as cidades. Outro tema: "Quem é o brasileiro?" Vieram as propostas e tivemos um filme que me agradou muitíssimo.

Quando vocês decidiam aprovar um filme, tinham que submeter a alguém? Era preciso ter autorização do SNI, por exemplo?

Não. Octavio tinha autoridade, ele decidia. Embora não fosse preciso ter autorização prévia, depois de prontos exibíamos alguns filmes para as autoridades do Planalto. Nunca houve impedimento. Por ser o chefe da empreitada, era Octavio quem se arriscava. Algumas vezes recebemos reclamações corporativas, dos militares, porque eles achavam que estávamos no mundo da lua. Pairávamos sobre muitos interesses.

De que exatamente os militares reclamavam?

Achavam que alguns dos filmes estavam fora da realidade, eram alienados. Não sei se Octavio e Camargo sentiam a mesma coisa, mas eu achava que nós estávamos fazendo um bom trabalho. Também corríamos o risco de receber cargas do outro lado, como aconteceu com Octavio no caso do "Ame-o ou deixe-o", ou quando diziam que ele era o dr. Goebbels brasileiro, o ministro da propaganda. O mais atingido foi Octavio, porque tudo o que ele *não* queria era ser ministro da propaganda, era ser considerado o autor do "Ame-o ou deixe-o", mas foi.

Quer dizer que vocês apanhavam dos dois lados, do governo e da oposição.

Dos dois lados. Havia, sobretudo, uma grande incompreensão.

Amaral Neto parecia ser o repórter oficial da época.[32] Vocês conviviam com ele?

Não convivíamos propriamente. Dialogávamos com certa dificuldade, porque ele era protegido de alguns setores que queriam empurrá-lo para cima de nós. Quando ele perdia uma concorrência, sempre havia umas conversas desses setores com Octavio. Mas o fato é que ele não ganhou nenhuma, porque não se ajustava, e Octavio sempre resistiu. Amaral Neto era a propaganda explícita, com pouca criatividade. Tinha a visão do "Brasil grande", que não era a nossa filosofia. Já Jean Manzon tinha uma visão antiga, do tempo do Juscelino, da revista *O Cruzeiro*.

O grupo de Octavio Costa permaneceu na Aerp do início ao fim do governo Médici?

Exatamente. Entrei um pouco depois, mas fiquei até o fim.

Dentro do Palácio do Planalto o senhor chegou a acompanhar o dia-a-dia da sucessão presidencial?

Um pouco por ouvir dizer. Quem acompanhava mais os labirintos da sucessão era o Octavio, que, por razões evidentes da sua condição militar, conhecia muito mais gente. Ele nunca teve dúvida de que o sucessor do Médici seria Geisel — Ernesto, não Orlando. Após a mudança de governo, Octavio foi comandar em Salvador, e Camargo, passado um curto intervalo, tornou-se porta-voz do Geisel. Sempre mantive contato pessoal, de amizade, com eles. A Aerp foi uma aventura interessante e que não se repetiu. Foi uma coisa nova, que depois se sentiu, e hoje mesmo se sente, a necessidade de retomar. Sempre existiu a preocupação de divulgar o Brasil.

Fechando internamente, abrindo externamente

O senhor saiu do Brasil em 1966 e voltou em 1970, nos chamados anos de chumbo, época do fechamento político pós-AI-5, da luta armada e da repressão. O senhor percebia o clima brasileiro?

É claro que no exterior eu estava acompanhando e sabendo das coisas, mas não de tudo o que acontecia, pois só se recebiam as informações que

---

[32] Fidélis Amaral Neto, jornalista e político da UDN carioca, filiou-se à Arena após o golpe de 1964 e passou a produzir o programa de TV *Amaral Neto, o repórter*, que exaltava os feitos do regime militar. Ver *DHBB*.

podiam chegar. O que se tinha como visão era que aquele período do AI-5 seria uma fase que se esgotaria rapidamente. No início do governo Médici, em 1969, havia a idéia de começar a abertura — depois isso mudou, a idéia se diluiu e só foi retomada por Geisel. Mas havia a expectativa de que tudo se fosse transformando normalmente, para de alguma forma desembocar no restabelecimento do processo democrático.

Quando cheguei de Nova York, portanto, não cheguei ausente do Brasil. Acompanhávamos e sabíamos o que estava acontecendo — quando digo nós, estou me referindo à minha geração, aos primeiros-secretários e conselheiros, não ao Itamaraty como instituição. Acompanhávamos, sobretudo, a área da atividade profissional da política externa, que era a nossa. E o que víamos eram decisões que nos pareciam apropriadas, sobretudo no governo Costa e Silva, quando Magalhães Pinto[33] decidiu não assinar o TNP; ou quando foram tomadas algumas iniciativas distintas do governo Castelo Branco, que tinha sido muito pró-americano. A impressão que tínhamos era de que estávamos caminhando para o modelo mexicano, para fechar internamente e abrir externamente. No México, o PRI controlava o poder interno, não era plenamente democrático, embora houvesse um processo constitucional, mas, por outro lado, abria na política externa. No governo Castelo Branco tinha acontecido o contrário: internamente ainda restava um processo democrático, mas na política externa houve um total alinhamento aos Estados Unidos. Isso mudou no governo Costa e Silva, e a mudança iria continuar no governo Médici, tanto que o Gibson[34] pôde fazer uma visita pioneira à África. No governo Geisel, com Silveira[35] no ministério, a abertura na política externa seria maior ainda.

No governo Médici, os exilados brasileiros fizeram uma grande campanha no exterior denunciando a repressão política no Brasil. Aqui dentro, as pessoas que trabalhavam ou eram próximas do governo recebiam pedidos de familiares para localizar desaparecidos. O senhor recebeu algum pedido desse tipo?

Eu não recebi, mas Octavio pode ter recebido, porque fez comentários que levavam a concluir isso. Devo dizer que nem Octavio nem Camargo

---

[33] Político e banqueiro mineiro, um dos líderes civis do movimento de 1964, José de Magalhães Pinto foi ministro das Relações Exteriores do governo Costa e Silva (1967-1969). Ver *DHBB*.
[34] Mário Gibson Barboza, diplomata de carreira, foi ministro das Relações Exteriores do governo Médici (1969-1974). Ver *DHBB* e Mário Gibson Barboza, *Na diplomacia, o traço todo da vida*, Rio de Janeiro, Record, 1992.
[35] Antônio Azeredo da Silveira, diplomata de carreira, deixou a embaixada do Brasil na Argentina para se tornar ministro das Relações Exteriores do governo Geisel (1974-1979). Ver *DHBB*.

endossavam essa situação. Ao contrário, sempre se punham na posição de tentar modificá-la. Hoje é muito fácil falar do passado, mas naquele momento não se sabia da extensão do que estava acontecendo, ou podia acontecer.

No exterior, a campanha contra a repressão interna foi muito forte?

Foi. Na Aerp nós não participamos ativamente disso, foi o Itamaraty que enfrentou a situação: Gibson, como chanceler, e Jorge Carvalho e Silva, como secretário-geral. Havia um fator que, de certo modo, ajudava a equilibrar a situação no exterior, que era o êxito econômico, os 11% ao ano de crescimento do PIB. Em certas áreas, em certos segmentos no exterior, isso era mais importante e mais conhecido. Como já disse, no governo Médici a área econômica era comandada pelo Delfim, a área político-administrativa, pelo Leitão de Abreu, e a área de segurança, pelo Orlando Geisel. A área do Delfim era muito aplaudida, a do Orlando Geisel era muito criticada, e no meio ficava Leitão de Abreu, jurista do Rio Grande do Sul, personalidade mais administrativa que política — Golbery, por exemplo, que era um militar, tinha muito mais exercício político do que Leitão de Abreu. Havia, portanto, duas vertentes ativas no governo, uma positiva, que era a da economia, e uma negativa, que era a de segurança, e no meio havia uma vertente que se frustrou. No discurso de posse do Médici havia a sinalização de uma abertura, mas, como sabemos, isso só se verificou mais tarde.

O senhor vê continuidade no Itamaraty na passagem do governo Médici para o governo Geisel, ou o Itamaraty sempre muda quando mudam os ministros?

O Itamaraty muda por causa do ministro e também por causa do presidente. Silveira soube aproveitar o clima diferente. Médici não era uma pessoa que tivesse interesse pela política exterior, nem por viajar. Além disso, quando fez uma visita aos Estados Unidos, houve um aspecto negativo, o episódio em que Nixon o saudou dizendo que "para onde vai o Brasil, vai a América Latina". Foi uma frase muito infeliz, que dificultou a diplomacia do Gibson. O fato de Geisel ser uma pessoa que se interessava pelos assuntos internacionais permitiu ao Silveira agir. Silveira foi escolhido, entre outras razões, porque Geisel queria acabar com o conflito com a Argentina — Itaipu, aproveitamento dos rios, consulta prévia — e foi buscar o embaixador do Brasil na Argentina. Sabemos que a situação não se resolveu então, mas acabou se resolvendo mais tarde, com Guerreiro[36] e o Acordo Tripartite de Foz do Iguaçu.

---

[36] Ramiro Saraiva Guerreiro, diplomata de carreira, foi secretário-geral do Itamaraty na gestão de Azeredo da Silveira (1974-1979) e ministro das Relações Exteriores do governo Figueiredo (1979-1985). Ver *DHBB* e Ramiro Saraiva Guerreiro, *Lembranças de um empregado do Itamaraty*, São Paulo, Siciliano, 1992.

Geisel deu muito maior margem de ação ao Silveira. Quando foi entrevistado por Geisel como candidato à chancelaria, Silveira apresentou algumas linhas de política externa que eram revolucionárias: reconhecimento da China, reconhecimento da independência das colônias portuguesas na África e aproximação com os países árabes.[37] Três temas muito sensíveis. Tive oportunidade de ler alguns documentos do Conselho de Segurança Nacional e pude ver como Silveira defendeu o reconhecimento da China, o que revoltou alguns integrantes do Conselho. Mas a decisão foi do Geisel. Foi uma abertura para fora extraordinária. O Brasil assumia uma outra posição.

E o senhor via isso com bons olhos?

Sim. Acho que foi uma decisão dentro da tradição da política externa independente. Silveira chamava de "pragmatismo responsável". Eu, por mim, penso que política externa dispensa *slogan*.

De assessor do ministro a secretário-geral

Na passagem do governo Médici para o governo Geisel, o senhor deixou a Aerp e voltou para o Itamaraty.

Voltei para o Itamaraty, já com Silveira como ministro e Guerreiro como secretário-geral. Fui chefiar o Departamento de Organismos Internacionais, que abrangia todos os organismos, menos a OEA.

Existem alguns documentos no arquivo Geisel que indicam que havia a idéia de uma reaproximação com Cuba.[38] Como ficava essa discussão sobre Cuba dentro do Itamaraty?

Havia essa idéia de reaproximação, mas a dose era muito forte. O crédito de ousadia do Silveira esgotou-se com China, Angola e países árabes. Para se ter noção de quanto foi grande a mudança, deve-se lembrar que du-

---

[37] As três sugestões se concretizaram: em 15 de agosto de 1974 o Brasil estabeleceu relações com a República Popular da China; em setembro de 1975, na Assembléia Geral da ONU, votou a favor do projeto de resolução elaborado pelos países árabes condenando o sionismo; e em 10 de novembro de 1975 reconheceu o governo do Movimento Popular pela Libertação de Angola. Sobre estas e outras medidas de política externa tomadas no governo Geisel, ver Maria Celina D'Araujo e Celso Castro (orgs.), *Ernesto Geisel*, 5ª ed. Rio de Janeiro, FGV, 1998.

[38] As relações com Cuba foram rompidas em 13 de maio de 1964, um mês após a posse do presidente Castelo Branco. Ver *DHBB*, verbete Castelo Branco.

rante o governo Castelo Branco o Brasil invadiu a República Dominicana, numa ação ilegítima no direito internacional e, para nós, sem nenhuma vantagem. Mais tarde, na OEA, tive de enfrentar alguma resistência ainda por causa desse antecedente na República Dominicana. Isso realmente marcou de forma negativa a nossa política externa naquele momento. Estávamos com a idéia dos círculos concêntricos, que era uma idéia pró-americana. Só participamos da invasão porque os americanos solicitaram, mas não recebemos nada em troca. É bom ter na memória esse episódio e compará-lo com as atitudes do Silveira e do Geisel. Há uma enorme diferença.

Uma diferença que azedou a relação com os americanos.

Azedou muito. Geisel rompeu o Acordo Militar.[39]

O Acordo Nuclear[40] com a Alemanha também contribuiu para esse afastamento?

Foram várias coisas. Primeiro, Geisel tentou se livrar da tecnologia nuclear americana, e para isso fez todo um esforço de negociação com a Alemanha, que depois não teve continuidade, mas que, se tivesse tido, nos teria deixado em melhores condições. Foi um esforço liderado por Paulo Nogueira Batista, que depois foi presidente da Nuclebrás. O fato de o Brasil não ser um Estado-parte do TNP já irritava bastante os americanos, e o acordo com a Alemanha irritou mais ainda. De outro lado, houve a questão do Jimmy Carter, que fez declarações sobre direitos humanos no Brasil. Isso irritou muito o Geisel. Antes que o relatório sobre direitos humanos do Departamento de Estado chegasse ao Congresso americano, Geisel decidiu denunciar o Acordo Militar. Carter queria visitar o Brasil, e houve uma declaração do Geisel dizendo que ele não estava convidado, mas podia vir. Ele afinal veio, em março de 1978, e não recebeu nenhuma homenagem dentro do cerimonial tradicional, apenas foi-lhe oferecido um jantar reduzido no Alvorada. Uma ocasião muito fria.

A assinatura do Acordo Nuclear e a denúncia do Acordo Militar foram vistas com algum receio pelo Itamaraty?

Ao contrário, houve unanimidade de apoio. Lembro-me de que era tarde da noite, eu estava no gabinete do Silveira, onde se preparava a nota de

---

[39] O Acordo Militar Brasil-Estados Unidos, assinado em 15 de março de 1952, foi denunciado por Geisel em 11 de março de 1977. Ver *Ernesto Geisel*, op. cit.
[40] O Acordo Nuclear Brasil-Alemanha foi assinado em 27 de junho de 1975. Ver *Ernesto Geisel*, op. cit.

denúncia do Acordo Militar junto com o pessoal jurídico, quando Silveira entrou e declarou: "Se é contra os americanos, vocês todos vêm trabalhar, não é?" Essa frase define o espírito das pessoas. Da mesma forma, ninguém podia aceitar que o país fosse limitado na sua opção nuclear. A opção pela Alemanha recebeu apoio, e a quebra do Acordo Militar também.

O senhor acompanhou as discussões sobre o voto anti-sionista dado pelo Brasil na ONU?

Sim. Na ocasião eu estava em Nova York acompanhando a Assembléia Geral. Silveira e Guerreiro sugeriram ao Geisel a abstenção, mas ele disse não, queria que votássemos a favor da condenação do sionismo. O raciocínio era de que o movimento sionista tinha se esgotado com a criação do Estado de Israel, e que portanto os árabes tinham razão ao dizer que o sionismo era uma forma de discriminação contra eles. Foi aquele escândalo! Isso foi votado na terceira comissão, e depois iria ao voto do plenário. Entre as duas votações, houve um intervalo em que as forças a favor e contra começaram a trabalhar. Volta o Silveira ao Geisel e diz: "A votação agora é no plenário, o que o senhor acha?" Geisel respondeu: "Mantém o voto".

Geisel viajou muito para o exterior, o que foi uma novidade entre os presidentes militares.

É mais um aspecto que o distingue, foi o presidente militar que mais viajou. Tinha uma figura física de estadista, impressionava bastante lá fora. Além disso, gostava de política externa. A grande vantagem do Silveira, além da sua reconhecida capacidade, era que ele trabalhava com um presidente que gostava de política exterior. Podia discordar, mas havia diálogo. Prevalecia, naturalmente, a opinião do presidente.

Cito um exemplo que mostra o interesse do presidente Geisel. Como chefe do Departamento de Organismos Internacionais, eu estava sempre em contato com a nossa missão nas Nações Unidas. Durante uma sessão da Assembléia Geral, telefonei para a nossa delegação e disse: "O presidente quer saber qual é o quadro parlamentar na votação do projeto de resolução tal" — não me lembro qual era. Meu colega respondeu: "Deixa de brincadeira, o quadro parlamentar é aquele que o Brasil definir". Eu disse que transmitiria a resposta ao presidente, e ele aí resolveu me mandar a informação completa. Cito esse episódio para mostrar que Geisel lia tudo, até projeto de resolução. Devolvia nossa informação toda rabiscada. Um presidente acompanhar a votação da Assembléia Geral da ONU, quer dizer que está engajado na política exterior.

O que é quadro parlamentar?

Quando um projeto de resolução é apresentado, todo mundo conversa, não só nas delegações, como nos grupos regionais: latino-americano e caribenho, africano, asiático, europeu. Vão-se delineando as tendências, vai-se esboçando o quadro de apoios, e a isso se chama quadro parlamentar. É uma expressão técnica da diplomacia multilateral, que Geisel usava.

Era importante sabermos que possibilidades um projeto tinha de ser aprovado, para não nos engajarmos num voto que nos isolasse. Estavam muito presentes na nossa cabeça os episódios dos nossos votos com Portugal e com a África do Sul, mesmo em regimes democráticos como o do Juscelino. Conhecendo o quadro parlamentar, poderíamos tentar modificá-lo no nosso próprio interesse. Se tivéssemos interesse num projeto e víssemos que ele ia sofrer uma derrota, poderíamos tentar prevenir isso com uma negociação. Por isso é que o quadro parlamentar é importante, e por isso Geisel perguntava qual era ele.

Outro episódio que aconteceu quando eu estava no Departamento de Organismos Internacionais: um dia sai uma manchete no jornal *O Globo* dizendo "Brasil condenado na OIT". Tinha a ver com os acordos da OIT sobre as condições dos trabalhadores. Telefono para Genebra, pergunto ao nosso embaixador lá, Georges Álvares Maciel, o que tinha acontecido, e ele me diz que vai se informar. Genebra tem uma constelação de atividades, e Maciel se interessava muito mais pelos assuntos do Gatt e deixava os outros para trás. Então eu disse: "Você me informe logo, porque o Gatt sai na 18ª página do jornal, mas a OIT sai na primeira... O que nós vamos dizer para o presidente?" Quero assinalar com isso que havia interesse presidencial nas minúcias da atividade da diplomacia parlamentar.

Quando terminou o governo Geisel, o senhor estava na recém-criada Secretaria Especial de Assuntos Multilaterais. O que era isso?

Foi idéia do Silveira, que queria ter ao alcance da mão todos os assuntos. Fiquei com a Secretaria Especial de Assuntos Multilaterais e Luiz Augusto Souto Maior com a Secretaria Especial de Assuntos Bilaterais. Assessorávamos o ministro no sentido exato da palavra: acompanhávamos todos os assuntos do ministério, estimulávamos, cobrávamos, informávamos, debatíamos com ele as medidas. Os outros membros do gabinete tinham tarefas burocráticas, mas nós dois, não. Tínhamos a obrigação de estar sempre presentes, sempre informados, e de dizer ao ministro o que estava acontecendo. Agora, para dizer ao Silveira o que estava acontecendo, tinha-se que ter muito jeito... Era curiosa a personalidade dele, às vezes tinha explosões. Podia criticar você violentamente, e uma hora depois lhe demonstrar afeto. Tinha muita coragem pessoal e política. Ia a reuniões do gabinete e enfrentava os outros ministros.

Enfrentava, por exemplo, o ministro Simonsen, da Fazenda?

Sim. Sempre existiu — não sei agora — uma diferença entre o Itamaraty e o Ministério da Fazenda. Eu diria que o Itamaraty pensa mais estrategicamente, mais para a frente, enquanto a Fazenda quer resultados mais imediatos. Gibson, no tempo dele, teve que enfrentar o Delfim, sobretudo no relacionamento com a África. Delfim defendia um alinhamento total com o governo português, porque achava que do contrário não teríamos condições de agüentar. O conflito existiu no tempo do Gibson, existiu no tempo do Silveira, como depois existiu no tempo do Guerreiro. As personalidades de cada um sempre influem, mas basicamente há uma visão diferente do relacionamento externo.

Com a proposta de reatamento com a China, o ministro Silveira deve ter tido que enfrentar especialmente os ministros militares.

Sim, sobretudo Sílvio Frota, ministro do Exército, que sempre foi completamente contrário ao Itamaraty. Frota e aqueles que formavam o que se chamava de linha dura. Silveira teve coragem para enfrentá-los e para manter os seus pontos de vista. Aliás, devo dizer que naquela época, dos setores da administração no Brasil, o que menos sofreu influências externas, de forças corporativas, foi o Itamaraty. Primeiro, porque a carreira diplomática é a que mais se aproxima da militar, pela disciplina e pela hierarquia. Segundo, no período Geisel, pelo próprio interesse do presidente na política externa.

No início do governo Figueiredo, em março de 1979, Saraiva Guerreiro tornou-se ministro das Relações Exteriores, e o senhor, secretário-geral do Itamaraty. O que significava exatamente a Secretaria Geral?

A Secretaria Geral das Relações Exteriores é diferente das secretarias executivas dos ministérios. É a única que tem denominação própria; seria equivalente, talvez, ao Estado-Maior dos militares. A diferença não está meramente no título da repartição, é mais profunda. O secretário-geral não é um funcionário burocrata, é alguém que tem uma participação muito grande na formulação da política externa. Detém o controle da máquina, mas a parte administrativa fica com o subsecretário-geral de assuntos administrativos.

No meu novo posto, eu procurava filtrar os assuntos. Esta é a filosofia da Secretaria Geral: levar ao ministro e ao presidente da República exatamente aquilo que necessita de decisão em nível ministerial e presidencial. Guerreiro tinha a idéia — para a qual eu também contribuí — de criar quatro subsecretarias para encaminhar os assuntos e livrar um pouco mais a agenda do ministro e do secretário-geral. Não chegou a executar isso, mas o ministro seguinte executou. O secretário-geral não podia despachar com 18 pessoas diariamente, além dos embaixadores estrangeiros.

A vantagem de eu ter sucedido ao Guerreiro é que ele era um ministro que havia sido secretário-geral, e eu era um secretário-geral que tinha trabalhado com um ministro. A desvantagem é que eu ia para os despachos como se fosse para o vestibular: tinha que estar muito bem preparado, porque ele sabia tudo. Não podia embromar...

O senhor considera uma sorte ter servido com os ministros Silveira e Guerreiro?

Mais que sorte: bênção. Tanto Araújo Castro quanto Silveira e Guerreiro eram intelectualmente estimulantes. Em toda a carreira, aliás, nunca tive um chefe do qual eu desconfiasse. Isso foi muito bom, porque é muito difícil trabalhar com uma pessoa em que não se confia, ou por atitudes intelectuais, ou por atitudes de administração. Colegas meus viveram situações muito difíceis, mas eu nunca soube o que era isso. Por isso é que eu digo que, mais que sorte, foi bênção.

A Guerra das Malvinas e outras crises

No período em que o senhor foi secretário-geral do Itamaraty, a grande crise no quadro internacional foi a Guerra das Malvinas.[41] Como o senhor viu o episódio?

Houve a crise das Malvinas e houve outras. Mas Malvinas é um episódio interessante, porque Guerreiro estava fora e eu, como secretário-geral, passei a ministro interino — por isso é indispensável que o ministro escolha o seu secretário-geral; tem que haver uma identidade muito grande, porque o secretário-geral sempre responde pelo ministério na ausência do ministro. Guerreiro estava voltando de uma viagem ao Japão e parou em Nova York. Carlos Duarte, que era nosso embaixador em Buenos Aires, me telefona de manhã cedo e diz: "Os homens invadiram as Malvinas!"

---

[41] A Guerra das Malvinas (abril-junho de 1982) teve origem na disputa pelas ilhas Malvinas/Falklands, no Atlântico Sul, travada desde o século XIX pela Inglaterra e a Argentina. Negociações conduzidas pela ONU a partir de 1965 encaminharam-se para uma solução pela qual a Inglaterra abriria mão da soberania territorial, mas conservaria a autoridade administrativa sobre os ilhéus. A recusa destes últimos em abandonar a soberania britânica levou à interrupção das negociações em 1982. Em 2 de abril desse ano, a Argentina, então presidida pelo general Galtieri, invadiu as ilhas. A Inglaterra revidou e restabeleceu o controle. Ver Jan Palmowski, *A Dictionary of twentieth century world history*, Oxford, Oxford University Press, 1997.

Foi surpresa total?

Total, não, havia certas inquietações. Mas nós achávamos que o bom senso iria prevalecer. Não prevaleceu, porque o general Galtieri confiava que os americanos ficariam quietos, já que a Argentina os tinha ajudado no caso dos "contras" na Nicarágua.[42]

Com a notícia da invasão, telefonei para o Guerreiro: "Os homens invadiram, o Duarte acabou de me telefonar!" Ele já sabia, e me disse algo que sempre conto, para mostrar a sua memória implacável: "Já soube. Agora, você procure uma nota do Brasil de 1833, que nós passamos, se não me engano, aos ingleses, em que está definida a nossa posição de apoio à Argentina no caso das Malvinas". Chego ao ministério, telefono para o Arquivo Histórico, no Rio, e peço para eles me reproduzirem a nota, porque eu tinha que tê-la na mão antes de uma reunião com a imprensa marcada para as seis horas da tarde em Brasília. Eles reproduziram, e foi um grande momento: cheguei na reunião e disse que a posição do Brasil era a que estava na nota de 1833. A partir de agora, isso vai ser mais difícil, porque as chancelarias não têm mais arquivo, trabalha-se com *e-mail*.

Depois, veio todo aquele turbilhão. Voltou o Guerreiro, e houve o episódio de um avião inglês que teve que descer no Galeão, armado. Começou a confusão, porque os ingleses queriam o avião de volta, os argentinos queriam que o avião não voltasse, e Guerreiro no meio. A solução foi desarmar o avião. Os mísseis ficaram no Galeão, e o avião voltou, com o compromisso dos ingleses de não usá-lo mais nas Malvinas. Isso é para mostrar a habilidade que se teve nesse momento. Ficamos encarregados dos assuntos da Argentina em Londres, o que é uma prática comum na diplomacia, e quando se encerraram as hostilidades, quando as relações ficaram mais serenas, recebemos notas dos dois países agradecendo a maneira como o Brasil tinha se portado. Para nós a situação foi muito difícil, muito complicada.

O senhor em algum momento achou que os Estados Unidos fossem ter outra atitude que não apoiar os ingleses?

Não, nunca. Só os argentinos acharam isso, equivocadamente. Foi um desastre, porque os americanos apoiaram os ingleses não só politicamente como militarmente. Deram a localização do cruzador *Belgrano*, feita por satélites americanos, e os ingleses o afundaram. Entre as vítimas da Guerra das Malvinas está o Tiar (Tratado Interamericano de Assistência Recíproca).[43] Es-

---

[42] Ver adiante nota 50.
[43] O Tratado Interamericano de Assistência Recíproca (Tiar) foi assinado no Rio de Janeiro em 2 de setembro de 1947. Também conhecido como Pacto do Rio, seu objetivo é manter a paz entre os Estados americanos, propor soluções pacíficas para eventuais conflitos regionais e servir como mecanismo de auxílio mútuo em caso de agressão extracontinental.

tá morto, e alguém precisa enterrá-lo. Saltando muito na cronologia, essa questão do 11 de setembro de 2001 foi levada à OEA, e os meus colegas ressuscitaram o Tiar. Eu disse a eles: "Vocês não fizeram um trabalho político, fizeram um trabalho de arqueólogo!" O Tiar foi um instrumento da Guerra Fria que já estava debilitado e acabou com a Guerra das Malvinas.

Os argentinos tinham alguma expectativa de que o Brasil assumisse uma posição diferente, mais ativa?

Os depoimentos que temos dos argentinos é de que eles viram a posição do Brasil como corretíssima. Nunca houve queixa dos argentinos em relação à nossa posição. O embaixador argentino aqui naquele momento era Hugo Caminos. Foi difícil para ele, mas acabou se saindo muito bem. Mais tarde, na OEA, chamei-o para trabalhar comigo como chefe do departamento jurídico. É muito bom jurista. É claro que tinha que cumprir as suas instruções, mas nunca houve nenhuma dificuldade de diálogo. O grande drama foi que Galtieri e seus assessores diplomáticos cometeram o equívoco de não ver as coisas como elas eram. Quando é que passaria pela cabeça de alguém que, num conflito com a Inglaterra, os americanos ficariam do lado dos argentinos? Foi um erro primário.

Os argentinos também não contavam com a resposta imediata da Inglaterra, o que revelava um desconhecimento histórico: os ingleses sempre mandaram a frota.

Foi um erro, motivado talvez pela necessidade de mobilizar a opinião argentina — que ficou a favor do governo, disso não há dúvida. Mas eles não conseguiram ponderar as coisas. Ou porque não qualificaram bem a informação que tinham, ou por desconhecimento, o que é mais grave.

Quais foram as outras crises desse período?

A situação da América Central já estava se complicando. Tivemos um episódio na Guatemala: a embaixada foi tomada pelos *campesinos*.[44] Também nesse episódio Guerreiro estava fora. Recebi um telefonema do embaixador, que é muito meu amigo, dizendo: "Estou com a embaixada tomada". Eu:

---

[44] A guerra civil na Guatemala teve início em 1960, após a tentativa fracassada de um grupo de jovens militares de depor o presidente Ydígoras Fuentes (1958-1963). Os vários grupos guerrilheiros de esquerda que se formaram a partir de então uniram-se em 1982 na Unión Revolucionaria Nacional de Guatemala (URNG), e a violência política alcançou níveis altíssimos no governo de Ríos Montt (1982-1983), que era apoiado pelos Estados Unidos. Ver verbete *History of Guatemala*, em http://en.wikipedia.org.

"Como?! Não é possível, estou aqui cheio de papéis, e você vem me dizer uma coisa dessas?" Ele: "Não está acreditando? Vou passar o telefone". Passa o telefone, e uma senhora me diz: *"Aquí le habla la comandante campesina Maria del Socorro..."* Qual era o antecedente? A embaixada da Espanha tinha sido ocupada alguns meses antes, e o Exército guatemalteco tinha "acabado" com o problema — com os ocupantes, com o embaixador da Espanha, com todo mundo. Mataram todos! Tanto que a Espanha rompeu relações durante muitos anos.

Eu tinha que tomar uma atitude logo. Mandei dois auxiliares para a Guatemala e disse ao embaixador: "Procure a melhor maneira de enfrentar o problema, que nós já estamos tomando providências aqui". E falei com o governo guatemalteco, disse que a responsabilidade pela embaixada, pelos diplomatas que estavam lá dentro, era deles: "Vocês é que têm de resolver, de acordo com o direito internacional". Uma coisa curiosa foi que no avião, junto com os meus dois funcionários, foi também uma equipe da TV Globo. Quando chegaram, um deles me telefonou: "Ô Baena, estamos aqui na frente da embaixada..." Eu disse: "Não precisa me dizer, porque estou vendo vocês". A TV Globo estava transmitindo toda a movimentação diante da embaixada. É a instantaneidade da informação.

Afinal Guerreiro voltou, negociou-se, e conseguiu-se fechar um acordo. E os *campesinos* deram uma declaração oficial: "Aceitamos, vamos embora para o México, mas vamos sair daqui envoltos na bandeira do Brasil!" Pensei: bom, isso deve ser uma coisa retórica. Meu amigo e colega Geraldo Cavalcanti, que era embaixador no México, foi deslocado para a fronteira do México com a Guatemala, e um avião mexicano foi buscar os guerrilheiros. Ligo a televisão para ver a saída da embaixada, e vejo que não era retórica! Eles pegaram todo o estoque de bandeiras da embaixada e saíram envoltos na bandeira do Brasil. Mas a história ainda não tinha acabado. O presidente da Guatemala, general Ríos Montt, foi ao avião e o impediu de sair. Queria falar com os *campesinos*. Entrou no avião e ofereceu 200 dólares a cada um para ficar na Guatemala. Naturalmente, ninguém ficou. Afinal foram para o México. Só tive alívio quando Geraldo Cavalcanti me disse que o avião tinha chegado e estava tudo bem. Assim acabou o episódio. As bandeiras ficaram como suvenir. Mas foi uma situação de risco.

Houve mais alguma situação semelhante?

Houve o episódio dos aviões líbios. Num fim de semana, quatro aviões entram no espaço aéreo brasileiro, dois descem em Recife e dois vão para Manaus. A Alfândega de Recife vai ver o que os aviões trazem: armas. A autorização pedida — que não chegou ao secretário-geral nem ao ministro, foi dada rotineiramente — era para porte de medicamentos destinados à Nicarágua. Ninguém percebeu a importância política do pedido, e os aviões desceram. Criou-se nova crise: "Os aviões não saem, nem de Recife, nem de Manaus". Decisão do Itamaraty. A retirada dos aviões e das armas teria que ser negociada.

Começamos a negociar a retirada das armas com uma empresa comercial, a Alitalia. De repente, vejo num jornal de Brasília uma manchete que dizia: "Itamaraty negocia com italianos as armas da Líbia" — declarações do Ministério da Aeronáutica. Telefono para Délio Jardim de Matos, ministro da Aeronáutica: "Ô Délio! Você precisa segurar o seu pessoal! Nós estamos numa negociação muito delicada para devolver as armas!" Ele: "Não é o meu pessoal, não. Sou eu". Digo: "Por favor, não dê nenhuma declaração!" No dia seguinte, o mesmo jornal de Brasília, que foi procurá-lo, dava a seguinte matéria: "O ministro da Aeronáutica se recusou a falar conosco. Disse que levou um puxão de orelha do Itamaraty". Resultado: acabou a negociação. Tínhamos que pensar numa outra maneira. A decisão era que os aviões não sairiam do Brasil, porque tinham violado não só o espaço aéreo brasileiro, como as práticas internacionais, dando uma declaração falsa.

As negociações continuaram e, nesse momento, Figueiredo iniciou uma viagem à Nigéria com Guerreiro. Ficamos Aureliano Chaves e eu como presidente e ministro interinos. Estamos negociando, e o general Khadafi dá uma declaração tremenda, que sai na primeira página do *Globo*: "Khadafi condena o Brasil". Eu disse ao presidente: "É melhor não responder nada. É só agir como estamos agindo". Afinal os aviões saíram, mas de forma negociada. Nosso embaixador na Líbia foi para o aeroporto, e eu lhe recomendei: "Cada avião que chegar, você me avisa. Só autorizaremos a saída do seguinte depois que chegar o anterior". Assim foi feito, e as armas voltaram à origem.

Essa crise podia ter-se complicado muitíssimo. É importante ressaltar o entrosamento do Itamaraty com os militares naquele momento. E o fato de os militares terem respeitado o Itamaraty. Foi o Itamaraty que disse "solta" ou "não solta", era o Itamaraty que estava no comando do espaço aéreo brasileiro. Por quê? Porque o ministério tinha uma autoridade respeitada pelos demais. Essas foram as três principais crises do período.

A Casa é nacionalista

O senhor já mencionou aqui que sua geração de diplomatas apoiava as mudanças introduzidas na política externa brasileira a partir do governo Costa e Silva. Essa geração trazia influências da política externa independente?

A pergunta tem razão de ser, porque éramos todos secretários na época da política externa independente, e víamos que o Brasil se afirmava.

Quem é a sua geração?

Paulo Nogueira Batista e Ítalo Zappa são de uma turma antes da minha, mas são dessa geração. Como também Paulo Tarso Flecha de Lima, que é mais moderno do que eu. Há ainda o grupo ligado ao Silveira: Luiz Augusto Souto Maior, Geraldo Holanda Cavalcanti, Luiz Paulo Lindenberg Sette, já falecido, Jorge Carlos Ribeiro, Jório Dauster, que foi recentemente presidente da Vale do Rio Doce, José Nogueira Filho... Depois vieram os "barbudinhos do Itamaraty", que se identificavam com o pessoal do Silveira: Ronaldo Sardenberg, Roberto Abdenur... O *Estado de S. Paulo* criou essa denominação "barbudinhos" para ridicularizar, achava que todos eram subversivos. A conotação era negativíssima. Quando as pessoas vinham me contar que tinha saído um editorial no *Estadão* sobre o Itamaraty, eu perguntava: "A favor ou contra?" Quando era contra, eu ficava tranqüilo. Se fosse a favor é que eu me preocuparia.

Essas pessoas que o senhor mencionou configuravam um grupo?

Não configuravam um grupo organizado, mas eram pessoas que pensavam igual. E quando havia a oportunidade de designar alguém, não se ia buscar quem pensava contra, e sim quem podia ajudar. O curioso é que os que formaram o gabinete do Silveira, e depois do Guerreiro, mais tarde vieram a ocupar postos da maior relevância no Brasil.

A impressão que se tem é que a política externa do governo Lula tem um lado mais ousado, que é o do secretário-geral Samuel Pinheiro Guimarães e do assessor especial de política externa da Presidência da República, Marco Aurélio Garcia, e tem o lado mais convencional, do chanceler Celso Amorim, que procura conter excessos, colocar as coisas mais dentro das tradições do Brasil.

Sempre houve continuidade na política externa brasileira, mesmo com ênfases distintas em momentos diferentes, mesmo com os mais e os menos ousados. A diplomacia é a arte de lidar com matizes, de harmonizá-los, e é isso o que Celso Amorim faz. Há pessoas mais ousadas, mas não vejo nenhuma definição, dentro do Itamaraty, contrária à política externa que se faz neste momento. Apenas há uns que querem ir mais rápido, e o Celso tem que equilibrar. Mas sempre houve isso, e acho muito salutar que se processe assim.

Durante o regime militar a agenda da política externa foi formulada mais pelo Itamaraty ou mais pela Presidência da República?

Mais pelo Itamaraty. Mas é preciso qualificar esta afirmação. A agenda foi modificada algumas vezes em suas ênfases, e quando o Itamaraty, como instituição, não foi ouvido, ocorreram situações ruins. A permanência, por exemplo, de Juracy Magalhães no Itamaraty, com Pio Corrêa como secretário-geral, foi muito negativa. Juracy Magalhães estava mais à direita do que o próprio Castelo Branco e impunha coisas que o Itamaraty, como instituição, nunca absorveu. Já com Geisel e Silveira, como mostrei aqui, foi diferente. Geisel é um exemplo positivo, de um presidente que estava em sintonia com o que os profissionais da diplomacia estavam lhe apresentando.

Há diferenças no relacionamento do presidente com o seu ministro do Exterior, com a sua diplomacia, mas as propostas de política externa sempre foram feitas dentro do Itamaraty, e sempre tiveram continuidade. Há certas linhas que permanecem, sobretudo os princípios de respeito à ordem jurídica, de solução pacífica das controvérsias, de negociação, de diálogo. São linhas que podem ter sido mais ou menos respeitadas, mas que sempre estiveram presentes. Nunca a política externa do Brasil aceitou, por exemplo, uma situação de beligerância. Nunca, eu diria, a diplomacia brasileira aceitaria que o Brasil fizesse o que a Argentina fez nas Malvinas. Essa adesão aos princípios é importante. Agora, acontecem situações em que se tem que dar respostas novas a novos desafios, a novas circunstâncias, e aí entra a questão da ênfase.

O momento mais difícil da nossa política externa, nos governos militares, foi realmente a presença de Juracy como ministro do Castelo, tendo ao lado Pio Corrêa, que era da carreira mas era um homem duro, sem nenhuma flexibilidade. Costa e Silva já deixou margem para o Itamaraty atuar. O ministro era de fora da carreira, Magalhães Pinto, mas o secretário-geral era Sérgio Correia da Costa, um diplomata respeitado. Médici era indiferente ao que estava acontecendo, mas Gibson pôde fazer alguma coisa. Geisel era totalmente engajado. No governo Figueiredo, Guerreiro sempre foi prestigiado. Nesse quadro todo, o Itamaraty seguiu formulando os projetos de política externa. Agora, se formos ao passado, veremos presidentes que provocaram mudanças. Jânio Quadros é um exemplo: a política externa independente não nasceu do Afonso Arinos, foi uma proposta do próprio Jânio.

Durante muito tempo a grande maioria dos ministros das Relações Exteriores foi de políticos de fora da carreira. Mas no regime militar houve uma predominância de diplomatas. Esse fato teve alguma influência na política externa?

Isso é curioso. Realmente, desde que ingressei na carreira até 1964, quase todos os ministros foram políticos: João Neves da Fontoura, Vicente Rao, Raul Fernandes, Macedo Soares, Negrão de Lima... Depois, houve uma predominância de diplomatas. Aliás, o primeiro ministro diplomata da minha carreira foi Araújo Castro, ainda no governo Jango. Depois de 1964 vieram Vasco, Gibson, Silveira e Guerreiro. As únicas exceções foram Juracy Magalhães, no governo Castelo, e Magalhães Pinto, no governo Costa e Silva.

Quando o ministro é da carreira, se tem melhor diálogo entre os profissionais, sem dúvida alguma. Mas novamente é preciso qualificar: um ministro como Juracy Magalhães não tem saída, mas um ministro como João Neves da Fontoura é diferente. João Neves foi um bom ministro das Relações Exteriores. O diálogo com ministro que não é da carreira depende do temperamento de cada um, mas não posso deixar de ser favorável à minha corporação.

Vasco Leitão da Cunha, por exemplo, achava que era melhor o ministro não ser da carreira.

Não estou de acordo. Ao dizer isso, ele estava pensando em briga por orçamento. Aí, realmente, um ministro político tem melhores condições de lutar. Mas à proporção que o ministro diplomata se afirma pela sua política externa, ele vai adquirindo cada vez mais prestígio junto ao Congresso para conseguir o que precisa — tanto é que agora o Itamaraty esteve à beira de um colapso financeiro e Celso Amorim conseguiu verba suplementar. Não é empecilho a presença de um diplomata no ministério. A vantagem da sua presença, inclusive no diálogo com os pares de fora, é muito maior do que aquilo que ele possa vir a perder em matéria orçamentária no seu relacionamento com o Congresso.

Os ministros Gibson Barboza, Azeredo da Silveira e Saraiva Guerreiro eram da carreira, mas ainda assim havia diferenças entre eles. Há quem considere Gibson um nacionalista reacionário, e Silveira, um nacionalista progressista. Como o senhor vê isso?

Existem diferenças. Gibson sempre foi uma pessoa de direita, mas tinha o sentido nacionalista. Já Juracy Magalhães não tinha. Silveira era muito mais exuberante, Guerreiro mais contido, pela própria personalidade, mas os três sempre atuaram na mesma linha nacionalista. Podem-se fazer todas as críticas ao Itamaraty, mas nesse ponto não: a Casa é nacionalista.

Hoje, no mundo moderno, é pecado dizer que se é nacionalista. Outro dia, dando uma palestra na universidade, arrisquei: "Vou falar de um assunto perigoso: nacionalismo". Nunca vi, na minha trajetória no exterior, um país mais nacionalista do que aquele que nos diz que acabaram as soberanias nacionais, que tudo está globalizado. Esse país são os Estados Unidos. Aqui, hoje, está sendo visto como um pecado você dizer que é nacionalista, acredita no país, acha que é preciso empurrar o país — pois se está tudo globalizado! Nessa palestra, citei um provérbio africano que eu tinha lido: "Só os peixes mortos acompanham a correnteza do rio". Se você não se indignar, está perdido. Tudo se globaliza, menos algumas coisas que temos que preservar.

Visita de Érico Veríssimo a Lisboa em 1959. Da esquerda para a direita, o escritor, sua mulher Mafalda e o filho Luiz Fernando Veríssimo, com o então secretário Baena Soares.

Negrão de Lima assume a embaixada do Brasil em Lisboa em 1959, cercado por diplomatas brasileiros e portugueses. No alto da escada, Baena Soares.

Assembléia Geral da ONU em 1977. Na Delegação do Brasil, os embaixadores João Batista Pinheiro e Sérgio Correia da Costa e o ministro das Relações Exteriores, Antônio Azeredo da Silveira. Atrás, Geraldo Holanda Cavalcanti e Baena Soares.

Discurso de posse como secretário-geral da OEA, em 1984.

Baena Soares com seu antecessor na OEA, Alejandro Orfila.

O casal Baena Soares em reunião no BID.

Na OEA, com Daniel Ortega.

Com Violeta Chamorro.

Baena Soares lê o compromisso de cessar-fogo entre os sandinistas e os "contras".
À sua direita, Daniel Ortega.

Com Oscar Arias, presidente da Costa Rica e Prêmio Nobel da Paz.

Missão da OEA para observar incidente de fronteira entre Nicarágua e Costa Rica.

Deixando hotel de El Salvador debaixo de tiroteio, em 1989.

Observando a eleição do Haiti em 1990: Baena Soares com Rosalyn e Jimmy Carter.

Com o presidente do Haiti, Jean Bertrand Aristide.

Tancredo Neves, presidente eleito, visita a OEA em Washington. Fevereiro de 1985.

O candidato à presidência Luiz Inácio Lula da Silva visita a OEA. Maio de 1989.

Capítulo 3

SECRETÁRIO-GERAL DA OEA

O Brasil vence a timidez

Em 1984 o senhor se tornou secretário-geral da Organização dos Estados Americanos,[45] iniciando uma gestão que se estendeu por dez anos. Como se escolhe o secretário-geral da OEA?

      O secretário-geral é escolhido por eleição da Assembléia Geral a cada cinco anos. Cada delegação tem um voto, e basta haver maioria simples para que um candidato seja eleito. A Assembléia Geral se faz em fins de maio, começo de junho, e os mandatos se iniciam em junho. No meu caso, foi feita uma Assembléia Geral especial, em março de 1984, porque o meu antecessor, Alejandro Orfila, renunciou um ano antes de completar o mandato. As candidaturas são apresentadas, e antes de se chegar à Assembléia Geral são trabalhadas pelos governos. São necessariamente os governos dos países-membros que apresentam as candidaturas, não há *freelancers* na eleição.

É o presidente do país que apresenta o candidato, ou é o Ministério das Relações Exteriores?

      É o Ministério das Relações Exteriores. Seguramente, em todos os países, os presidentes são consultados, mas a candidatura é formalizada pelo chanceler e pela missão do país junto à OEA. A indicação vai diretamente à Assembléia Geral, não há triagem prévia por uma comissão especial, tanto que há a possibilidade de um país apresentar ou retirar uma candidatura no próprio momento da eleição.

---

[45] Para a história da OEA, ver www.oas.org.

Como e por que o senhor foi escolhido candidato do governo brasileiro?

Guerreiro no ministério e eu na Secretaria Geral sempre achamos que tínhamos que fazer alguma coisa para empurrar o maior número possível de brasileiros para os organismos internacionais em postos de chefia. Em postos que dependiam de concurso tínhamos alguns, mas em postos de expressão política não tínhamos ninguém. Essa nossa preocupação foi levada ao presidente Figueiredo, que aceitou a posição do Guerreiro. Eu me lembro de que estávamos conversando sobre isso, quando Orfila renunciou e precipitou o processo. Guerreiro achou que tínhamos que procurar alguém, e eu disse: "Guerreiro, não vamos procurar ninguém. Eu estou aqui, eu vou".

O que o fez querer ir para a OEA?

Para mim foi inevitável. Para justificar as minhas opiniões, eu tinha que tentar a candidatura, ainda mais num momento em que estava havendo dentro do governo brasileiro um clima favorável a que se quebrasse a nossa timidez em ocupar postos nos organismos internacionais. Em segundo lugar, como diz a música do Caetano, *Soy loco por ti America*, sempre fui *loco por ti Latinoamerica*. Queria ter a oportunidade de dar uma contribuição, e a oportunidade surgiu. O governo Figueiredo ia terminar no ano seguinte, eu sabia que ia deixar de ser secretário-geral do Itamaraty e, quando houve a renúncia do Orfila, resolvi me candidatar.

Havia algum candidato forte concorrendo com o senhor?

Concorrendo comigo havia três candidatos: o do Peru, o do Paraguai e o de Barbados. O último a retirar a candidatura foi o de Barbados, um senhor chamado Val McComie, que já era secretário-geral adjunto. Os outros foram saindo à medida que o processo eleitoral foi avançando, mas ele continuou até o momento da eleição.

Nesse momento, o famoso quadro parlamentar já estava definido a seu favor.

Estava. Ele normalmente vai se definindo em diálogos com as chancelarias e com as missões em Washington. Como o corpo eleitoral é restrito — são 34 votos —, é muito difícil tentar camuflar a realidade, sempre se sabe quem está comprometido com quem. Às vezes há defecções, às vezes há o não-cumprimento de compromissos, como em toda eleição...

Quem eram seus cabos eleitorais desde o início?

Desde o início tive apoio da América do Sul — por isso o Paraguai e o Peru retiraram seus candidatos. Depois vieram os caribenhos, sobretudo os caribenhos latinos — República Dominicana, Haiti —, a América Central e o México. O Caribe anglófono veio mais tarde, porque, como disse, Barbados tinha um candidato que insistiu em ir até o fim.

Uma coisa interessante de observar é o comportamento americano. Eles não se decidiam a me dar o voto. Eu estava na Secretaria Geral do Itamaraty quando, a 15 dias da eleição, apareceu o embaixador americano, Diego Ascencio, e disse: "Tenho uma boa notícia para você: resolvemos apoiar a sua candidatura". Respondi: "Agradeço a gentileza de me avisar, mas quando você informar o Departamento de Estado desse nosso encontro, pode dizer que já estou eleito". E estava. Depois, quando fui reeleito, em 1989, eles trabalharam contra mim. Mandaram um emissário, Richard T. McCormack, o embaixador americano na OEA, visitar os países da América do Sul e dizer que eu não tinha condições físicas para agüentar um segundo mandato. Só que o McCormack foi visitar os meus amigos... Chegou ao Peru e visitou um amigo meu, que me telefonou. Eu tinha todos os votos, menos o americano. Afinal, na hora da eleição, George Schultz pediu a palavra e disse: "Vejo que só faltamos nós para tornar esta eleição unânime. Quero dizer que nós acompanhamos". Quando o McCormack deixou a OEA, foi se despedir de mim — é interessante a cultura deles, é só esperar um pouco que a gente sabe de tudo — e disse: "Eu só queria esclarecer a você que essa campanha que eu fiz não foi por minha iniciativa. Recebi instruções do Departamento de Estado, dizendo 'qualquer um, menos o Baena'". Há uma certa ingenuidade, que a gente agradece...

Por que o Departamento de Estado não queria a sua eleição?

A primeira razão era por eu ser brasileiro. O secretário-geral sempre foi escolhido entre países de menor expressão de poder. Historicamente, o primeiro foi um colombiano, Alberto Lleras Camargo. Depois vieram um chileno, Carlos Dávila, que só ficou um ano, e um uruguaio, José A. Mora. Em seguida veio um equatoriano, Galo Plaza. Alejandro Orfila foi o primeiro a sair do esquema, pois era argentino. Depois do argentino vir um brasileiro, para eles, não estava muito bom.

Os americanos preferem países menores para terem mais controle?

De certo modo, sim.

Por que nunca houve um secretário-geral da América Central ou do Caribe, mas sempre da América do Sul?

É curioso, a observação procede. Os centro-americanos sempre tentaram, mas nunca conseguiram. Sobretudo, tentava a Costa Rica, que teve pelo menos três candidatos. Tem sido uma constante a Secretaria Geral ser ocupada por um sul-americano.[46]

O cargo de secretário-geral da OEA foi o mais elevado da hierarquia internacional assumido por um brasileiro até então?

Foi. Como disse, havia um pouco de timidez do Brasil em ocupar postos de chefia em organismos internacionais. Nós não queríamos, achávamos que não era o caso. No próprio Itamaraty se achava que diplomata ir para organismo internacional não caía bem. Depois isso mudou.

Na própria ONU, o Brasil não tinha ocupado cargos de importância?

Agora, mais recentemente, sim, mas naquela época, não.

E Oswaldo Aranha?

Ele foi presidente da Assembléia Geral, eleito pelos participantes.[47] Não era um funcionário do quadro da ONU, era uma personalidade eleita para dirigir aquela assembléia. Depois, nós nunca mais tivemos um brasileiro nesse posto, porque o número de países cresceu, e há um revezamento muito grande. Mas dentro da estrutura do Secretariado da ONU, nós nunca chegamos sequer a subsecretário. O posto mais elevado que tivemos foi o de alto comissário para os Direitos Humanos, ocupado por Sérgio Vieira de Mello.[48] Já um pouco abaixo da hierarquia do Sérgio tivemos muita gente, sobretudo na Seção de Divulgação e Comunicação.

A Assembléia Geral e o Secretariado são duas coisas diferentes. Mal comparando, é como se a Assembléia Geral fosse o Parlamento, e o Secretariado fosse o Executivo. Na ONU como na OEA, o Executivo é o secretário-geral, que é eleito pela assembléia e comanda a burocracia. Na OEA, a

---

[46] É importante lembrar que esta entrevista foi concedida em 2003. Depois disso, em reunião realizada em junho de 2004 em Quito, no Equador, os chanceleres americanos elegeram secretário-geral da OEA, por unanimidade, Miguel Ángel Rodriguez Echeverría, ex-presidente da Costa Rica, que no entanto renunciou um mês após tomar posse. Ver adiante nota 74.
[47] Oswaldo Aranha, político gaúcho, foi ministro da Justiça (1930-1931), da Fazenda (1931-1934) e das Relações Exteriores (1938-1944) do primeiro governo Vargas, além de embaixador do Brasil nos Estados Unidos (1934-1937). Em 1947 tornou-se chefe da missão brasileira junto à ONU e como tal presidiu o Conselho de Segurança da Organização, já que, por rotatividade, a função cabia então ao Brasil. Ainda no mesmo ano, chefiou a delegação brasileira à I Seção Especial da Assembléia Geral da ONU e foi eleito presidente da Assembléia. Ver *DHBB*.
[48] Sérgio Vieira de Mello, alto comissário da ONU para Direitos Humanos, morreu em atentado contra a representação da ONU no Iraque em 19 de agosto de 2003.

burocracia dividia-se em duas categorias: os funcionários de carreira, que entravam por concurso, e as pessoas que ocupavam postos de confiança e criavam uma margem absolutamente necessária para o secretário-geral agir politicamente.

Na sua gestão, quem ocupou esses postos de confiança? Brasileiros?

Não. Eu achava que, sendo o secretário-geral brasileiro, seus auxiliares não deveriam sê-lo. Eu tinha como subsecretário para assuntos jurídicos um argentino, o embaixador Caminos, e como subsecretário administrativo um americano, Robert Sayre. Os dois foram embaixadores em Brasília. Tinha também, como subsecretário para assuntos econômicos, um embaixador da Venezuela. E como subsecretário para assuntos culturais, um mexicano. O secretário-geral adjunto, que também é um posto eletivo na OEA — ao contrário da ONU, que só elege o secretário-geral —, era Val McComie, que depois foi substituído por outro caribenho, mas de Trinidad & Tobago, Christopher Thomas. Essa era a cúpula. Estava composta atendendo mais ou menos à diversidade.

Agenda imediata: controle da crise interna e reforma da Carta

Qual era a sua agenda ao assumir a Secretaria Geral da OEA?

O primeiro ponto era superar a crise. Orfila deixou a OEA em crise pela sua atitude pessoal, pelos equívocos administrativos que cometeu. Vou dar só um aspecto: ele renunciou um ano antes, mas os países pediram que continuasse um pouco mais, até que se abrisse o processo eleitoral para substituí-lo. Ele concordou, mas cometeu o erro de fazer um contrato de relações públicas com o governo do Haiti. Ou seja, seria lobista do governo do Haiti ainda exercendo a função de secretário-geral. Esse foi o ponto final, porque aí ele sofreu pressão para sair imediatamente e foi substituído pelo secretário adjunto, até vir o processo eleitoral. Quando assumi, portanto, o maior problema da minha agenda era restabelecer a credibilidade do secretário-geral.

Mas havia outros problemas. A época era de grande tensão na América Central...

Sim, claro. A crise na América Central tinha começado antes de eu assumir. E no governo americano estava Reagan, que não contribuía nem um pouco para facilitar as coisas.[49] O desconhecimento da mídia americana sobre as atividades da OEA era total. Eu comentava, logo depois de chegar a Washington, que na própria sede da OEA não havia interesse pela América Latina. O que havia, na verdade, era uma visão negativa em relação à OEA. Além dos problemas de credibilidade da Organização, dos problemas políticos da América Central, havia ainda problemas numa terceira área, que era a área jurídica. Quando se decidia modificar a Carta da OEA, faziam-se estudos, mas nunca nada ia para frente. Coloquei como prioridade da agenda a reforma da Carta, que conseguimos fazer em 1985. Mas no início, logo que entrei, o importante mesmo foi restaurar a confiança dos próprios funcionários. O moral estava baixo, eles não acreditavam nem na Organização, nem no secretário-geral, e tive que atacar logo por esse lado. Fazia reuniões, perguntava o que estava acontecendo, procurava meios de nos acertarmos.

Para completar a agenda, havia ainda outro ponto importante, que durante dez anos foi crucial: o orçamento da Organização e o pagamento das contribuições. Estávamos na dependência da contribuição americana, que era de mais de 50% da contribuição total. Eu achava isso errado, o Congresso americano também, e graças a essa convergência conseguimos reduzir a contribuição americana e aumentar a dos demais países. O que facilitou bastante isso foi a entrada do Canadá. Quando saí, Estados Unidos, Canadá, Brasil, Argentina e México eram os maiores contribuintes, como tem que ser.

Naquela época, além dos problemas da estrutura orçamentária, havia também a carga burocrática. Quando cheguei, havia cerca de 1.200 funcionários; quando saí, deixei 700. Essa dispensa foi dolorosa e cara, porque não se pode simplesmente despedir um funcionário de dez ou 15 anos de qualquer maneira. Foram esses os pontos da agenda imediata.

E a reforma da Carta, foi tranqüila?

A reforma da Carta se beneficiou dos estudos preparatórios, feitos numa época em que não havia decisão política para empurrá-la. Tive o apoio do Brasil, da Argentina e do México. O México foi um pouco reticente, porque tinha uma fixação no princípio de não-intervenção, de autodeterminação, e também se apegava à idéia tradicional de que o organismo regional não pode impedir o recurso de nenhum Estado ao organismo universal, preservando a instância da ONU. Mas felizmente se alinhou. A Colômbia também. Esses fo-

---

[49] As relações dos Estados Unidos com os países da América Central tornaram-se particularmente críticas com o início do governo de Ronald Reagan (1981-1989), devido ao revigoramento da Guerra Fria e ao enfoque anticomunista do Departamento de Estado, que via qualquer forma de oposição às elites dirigentes locais como uma atitude potencialmente pró-cubana e pró-soviética. Ver verbete Ronald Reagan em http://en.wikipedia.org.

ram os principais elementos para a reforma da Carta. Criamos uma comissão especial para costurar os estudos existentes e levamos as propostas à Assembléia de Cartagena das Índias, em 1985.

A mudança principal foi reconhecer o secretário-geral como uma figura política. Desde o meu discurso de posse na Secretaria Geral defendi isso: "Se vocês quisessem um gerente, teriam que ter posto um anúncio no jornal e procurado especialistas que identificam *curricula*. Mas vocês não buscaram um gerente, vocês elegeram alguém. A eleição traz o caráter político da função, e vou exercer a função com esse caráter". Na reforma de Cartagena, isso emergiu num artigo específico que diz que o secretário-geral da OEA pode levar ao conhecimento de todos qualquer ameaça à paz e à segurança do continente ou ao desenvolvimento econômico dos Estados-membros. As atribuições indicadas nesse adendo diferem das do secretário-geral das Nações Unidas, que só pode levar ao Conselho de Segurança e à Assembléia ameaças à paz e à segurança. Depois vinham as modificações que levaram à reafirmação da democracia como base e objetivo da Organização. Talvez pudéssemos acrescentar que houve um fortalecimento do Conselho Permanente nessa reforma.

E não houve oposição?

Não. O assunto tinha sido muito debatido e estudado ao longo dos anos, e isso levou a um consenso na Assembléia de 1985, que aprovou a reforma. Era a segunda reforma da Organização. A primeira foi feita em 1967, em Buenos Aires, quando foram criados o Conselho Econômico e Social e o Conselho de Educação, Ciência e Cultura. É curioso, porque na evolução da Organização pode-se identificar, de início, um período de jurisdicismo. Depois da primeira reunião em 1889-1890, as sucessivas conferências interamericanas foram criando o corpo jurídico da Organização. Chegou-se então à Assembléia de Bogotá, em 1948, e abriu-se o que eu chamaria de período político, que se estendeu até 1967, quando as considerações econômicas e sociais emergiram na reforma de Buenos Aires. A nossa reforma, de 1985, atualizou a Organização. Depois vieram outras.

A entrada do Canadá

Antes de entrarmos na América Central, gostaríamos que o senhor comentasse a entrada do Canadá na OEA, em 1990.

Quando cheguei à OEA, havia uma constante inquietação pela ausência do Canadá. Achava-se que o Canadá esnobava a OEA, não se interessava em ser membro, e procurei fazer contatos com os canadenses, que eram, até então, observadores. Havia um grupo de Estados observadores na OEA, e o Canadá era um dos mais ativos. Colaborava com assistência técnica, mas se retraía muito quando se falava em ingresso na Organização. Tomei isso como tema, desenvolvi, e fui várias vezes ao Canadá conversar com as autoridades. Numa dessas visitas, o ministro das Relações Exteriores me recebeu no gabinete dele com os assessores e disse, ainda de pé: "Seja bem-vindo, secretário-geral, nesta sua visita não-oficial ao Canadá". Achei aquilo de uma sutileza de elefante. Claro que não podia ser visita oficial, mas, como a imprensa estava ali, ele quis ressaltar.

Eu estava tentando atrair o Canadá porque, numa visão que depois se comprovou um pouco equivocada, queria ter um outro país do G-7, além dos Estados Unidos, que viesse ajudar a equilibrar um pouco a OEA. Fui fazer conferências em universidades canadenses, e me lembro de uma em que, na hora dos debates, um estudante pediu: "O senhor me dê três razões pelas quais o Canadá deve ingressar na OEA". Respondi: "Primeira razão, o Canadá é um país deste hemisfério; segunda razão, a OEA é a organização regional deste hemisfério; terceira razão: não é necessária". Para resumir a trajetória de idas e vindas de emissários, o governo canadense tinha dificuldade para decidir porque precisava consultar cada uma das províncias, e isso levou algum tempo. Finalmente, fiz uma visita ao primeiro-ministro Brian Mulroney, que disse: "Vamos aderir". Prometi: "Vamos organizar uma sessão solene na OEA para recebê-los". Minha análise *a posteriori* é que foram as autoridades do Quebec — onde, aliás, fui recebido com maior entusiasmo nas conferências que fiz — que empurraram a autoridade central para aderir. As outras províncias, sobretudo as do Pacífico, não tinham interesse.

Vieram os canadenses, e a minha primeira decepção foi no momento de apresentar a fatura. Não queriam pagar como segundo ou terceiro maior contribuinte, achavam que devíamos aplicar ao Canadá os mesmos critérios dos países não-desenvolvidos. A escala de contribuições era Estados Unidos, Brasil, Argentina e México, e eles queriam pagar menos que o Brasil e a Argentina. Quando conversei com o chanceler, disse: "Estou muito contente, porque vou poder dizer para a imprensa que, pela primeira vez, o Canadá reconhece que é um país subdesenvolvido". Finalmente, depois de várias conversas, eles consentiram num critério que levou o Canadá à condição de segundo maior contribuinte.

Em matéria política, o Canadá contribuiu sobretudo com a atividade de observação eleitoral, com a criação da Divisão de Promoção da Democracia, e com assistência técnica orientada para as populações mais carentes. Todo esse trabalho teve uma grande participação deles. Desse lado foi positivo, mas eles não vieram — o tempo mostrou que eu estava com uma visão muito otimista — para trabalhar em todas as dimensões da OEA. Trabalham seletivamente, naquilo que lhes interessa. Não deram a contribuição que eu esperava. Eu considerava que, depois que vieram os caribenhos de expressão inglesa, o que faltava para completar o quadro da OEA era o Canadá. Desse ponto de vista, pensei corretamente. A adesão dos canadenses à Carta da OEA indubitavelmente completou o quadro. O que ficou aquém das minhas expectativas foi a participação efetiva do Canadá, como país desenvolvido, na cooperação geral com os países caribenhos e latino-americanos.

Nicarágua: os sandinistas, os "contras" e os americanos

Vamos então às questões políticas da América Central, começando por Nicarágua e Costa Rica.

A Costa Rica sempre foi um refúgio de forças antigovernistas nicaragüenses. Primeiro, recebeu os sandinistas, que lá se organizaram contra o Somoza; depois, recebeu os chamados "contras", que combateram os sandinistas.[50] Antes da derrubada do Somoza aconteceu um episódio importante, porque pela primeira vez no Conselho Permanente da OEA uma delegação de um Estado-membro acolheu nacionais de outro Estado: ou seja, numa das reuniões em que se estava tratando da situação do Somoza, a delegação do Panamá abrigou representantes dos sandinistas, que assim puderam defender sua posição. Isso foi uma inovação, porque as credenciais dos membros das delegações têm que ser aprovadas por uma comissão, e essa situação foi aceita. Era algo inédito na OEA. Quando o Somoza saiu, a delegação sandinista foi reconhecida, e aí os americanos começaram aquele processo de prestigiar os somozistas e outros, que não eram somozistas, mas passaram a ser.

É preciso não esquecer que do momento da derrubada do Somoza até o momento da criação do corpo dos "contras" e da ação da guerrilha, houve um período de grande ecumenismo político na Nicarágua. Violeta Chamorro, por exemplo, participou, ao lado de sandinistas como Daniel Ortega, da junta que dirigia o país.[51] Depois é que a dinâmica política os separou, e alguns — não ela — foram para os Estados Unidos e cederam às pressões para compor esse quadro de "contras" que incluía também ex-somozistas. Daí se originou todo o processo guerrilheiro, já agora baseado muito mais em Honduras que na Costa Rica. Os hondurenhos cederam parte do seu território pa-

---

[50] Anastasio Somoza Debayle, membro de família que detinha o poder na Nicarágua desde 1937, governou o país com o apoio dos Estados Unidos de 1967 a 1972 e de 1974 até ser deposto, em julho de 1979, pela Frente Sandinista de Liberación Nacional (FSLN). Os sandinistas, assim chamados em homenagem ao líder revolucionário da década de 1920, Augusto César Sandino, lutavam contra a família Somoza desde 1963. Passado o primeiro momento após a vitória em 1979, passaram a enfrentar os "contras", grupos de oposição armada financiados pela CIA e pelo governo militar argentino. Ver verbetes Anastasio Somoza Debayle e *History of Nicaragua* em http://en.wikipedia.org.
[51] Quando Anastasio Somoza foi deposto, a Nicarágua passou a ser governada pela Junta Nacional de Reconstrução, da qual faziam parte, entre outros, Daniel Ortega, militante da FSLN, e Violeta Chamorro, viúva de Pedro Chamorro, proprietário do jornal *La Prensa*, de oposição a Somoza, assassinado em 1978. Violeta Chamorro afastou-se pouco depois da junta, enquanto Ortega assumia de fato o controle do país, situação confirmada por sua eleição para presidente em 1984. Em 1990, foi a vez de Violeta Chamorro ser eleita presidente da Nicarágua como candidata da União Nicaragüense de Oposição (UNO), derrotando Ortega, candidato do Partido Sandinista. Violeta Chamorro governou até 1997. Ver verbetes Daniel Ortega e Violeta Chamorro em http://en.wikipedia.org.

ra que a guerrilha se instalasse e dali invadisse a Nicarágua. Assim começou a guerra civil, que foi apoiada e financiada diretamente pelos americanos.

Isso culminou no caso "Irã-contras",[52] não é?

Sim. Mas o caso "Irã-contras" também teve a participação dos argentinos, que por isso mesmo confiavam nos americanos quando invadiram as Malvinas. O apoio dado pelos americanos aos "contras" foi uma tragédia para toda a América Central e tumultuou o processo democrático que se iniciava. Teve repercussões sobre El Salvador e sobre a Guatemala, enfim, exacerbou conflitos de toda ordem. Naturalmente, os sandinistas procuraram se aproximar do comandante Fidel Castro, que lhes deu apoio, mas não físico ou militar, como depois se disse. Era mais um apoio político, pelo que pude observar, porque também entre os sandinistas havia conflitos sérios, sobretudo de personalidade.

Enfim, o quadro era este quando cheguei: começava a guerra civil na Nicarágua e em El Salvador, a Guatemala já estava em guerra havia muito tempo — a Guatemala tinha uma guerra civil muito mais antiga, foram mais de 30 anos até se chegar à pacificação[53] —, e a Costa Rica não participava, porque era um pouco mais arrumada politicamente. Do outro lado, havia o Panamá, que depois se tornou um problema. Mas o centro da questão mesmo era a Nicarágua, porque tinha charme internacional, coisa que os outros não tinham. Os sandinistas foram vistos como uma força nova que podia se multiplicar em outras situações na América Latina. De fato, eles tinham muito charme, eram jovens, decididos, eficientes, sabiam o que queriam, e isso assustou o "Império", que não podia aceitar uma segunda Cuba. Era aquela antiga tese do "comunismo internacional" — por aí a gente vê como as coisas se afastam numa velocidade tremenda, porque se eu falar em comunismo internacional, hoje, ninguém sabe o que é; hoje o problema é o terrorismo internacional. Mas naquele momento ainda havia essa entidade um pouco difusa, que não se precisava muito bem: dizia-se que a Nicarágua era mais um elemento do "Movimento Comunista Internacional". Eu lhes digo que nunca vi isso na Nicarágua.

---

[52] O escândalo "Irã-contras", também chamado de "Irangate", estourou no fim de 1986, quando se tornou público que o governo Reagan vendera armas ao Irã, em troca da interferência desse país na libertação de cidadãos norte-americanos presos no Líbano, e além disso encaminhara o produto da venda aos "contras", desafiando proibição do Congresso americano. Ver verbete *Iran-contra affair*, em http://en.wikipedia.org.
[53] Somente em 1996 o governo de Álvaro Arzu negociou a paz e pôs fim à guerra civil na Guatemala, iniciada em 1960. Ver nota 44. Ver também verbete *History of Guatemala*, em http://en.wikipedia.org.

Já muito antes daquela época, a América Central tinha tido um antecedente de intervenção americana: Jacobo Arbenz foi derrubado na Guatemala em 1954 por um movimento militar saído de Honduras e inspirado pelos americanos, porque estava atingindo os interesses da United Fruit. Esse contexto maior de dificuldades, ou internas, ou provocadas a partir do exterior, é que era a tragédia da América Central, da vida daqueles povos. Simplificando um pouco, o principal item político da agenda da OEA naquela época era estabelecer um clima que pudesse conduzir à paz, ao mesmo tempo que a guerra se acentuava.

A OEA enfrenta o "Império"

Qual foi, na prática, a atuação da OEA nesse quadro? Em relação à Nicarágua, para começar?

Depois de um primeiro momento em que a OEA reconheceu os sandinistas, ao permitir que eles integrassem a delegação do Panamá, ao sancionar a derrubada do Somoza, ao reconhecer o governo sandinista imediatamente, ela entrou num estado de imobilismo, de omissão. Eu sentia, e dizia aos representantes de alguns países, que não havia como não atuarmos naquela situação. Começamos, então, a tomar algumas iniciativas de presença, de criação de um clima de confiança. Tinha sido criado o Grupo de Contadora, nome de uma ilha no Panamá onde representantes da Colômbia, México, Panamá e Venezuela se reuniram e assumiram a tarefa de encaminhar o processo de paz na América Central.[54] Só que esse Grupo de Contadora não tinha respaldo que lhe permitisse enfrentar a situação política inspirada pelos Estados Unidos. Criou-se, então, o Grupo do Rio, que deu uma base mais sólida ao esforço de Contadora.[55]

Naquela época, o secretário-geral da ONU era Javier Pérez de Cuellar, peruano. Ele estava preocupado com o problema da América Central e por isso facilitou o diálogo com a OEA. Nós nos reunimos em Nova York para ver o que poderíamos fazer. Demos curso a um memorando aos países, primeiramente da América Central, depois do Grupo do Rio, e por fim a todos os membros das nossas organizações, em que dizíamos aquilo que nós, secretá-

---

[54] O Grupo de Contadora foi criado no início de 1983 pelos chanceleres dos países citados com o objetivo de buscar uma solução pacífica para os conflitos da América Central. Ver verbete *Contadora Group* em http://en.wikipedia.org
[55] Em 1985 foi criado o Grupo de Apoio a Contadora, reunindo Argentina, Brasil, Uruguai e Peru. Da fusão do Grupo de Contadora e do Grupo de Apoio, em 1986, resultou o Grupo do Rio, até hoje foro privilegiado de concertação de posições latino-americanas e caribenhas em questões regionais e internacionais. Ver www.mre.gov.br.

rios-gerais da ONU e da OEA, *podíamos* fazer, de acordo com as Cartas constitutivas das duas organizações, e na segunda parte, aquilo que *nos dispúnhamos a fazer*. De certa maneira, nos oferecíamos para colaborar. Isso teve duas repercussões: o Grupo do Rio apoiou, mas os americanos ficaram contra. Nosso memorando foi distribuído no final de novembro, princípio de dezembro de 1986, e no mês seguinte, ou seja, em janeiro de 1987, fui chamado a me explicar no Conselho Permanente.

Por que o senhor teve que se explicar?

Os membros do Grupo do Rio nos convidaram — o emissário do convite para mim foi Abreu Sodré[56] — a acompanhá-los numa visita que estavam programando à América Central, num esforço de paz. Havia várias propostas nesse sentido naquele momento, como por exemplo a do Oscar Arias, presidente da Costa Rica, autor de um plano que depois o levou a receber o Prêmio Nobel da Paz.[57] Essas iniciativas todas estavam no ar, e o Grupo do Rio quis que acompanhássemos os chanceleres do grupo a essa visita à América Central. Aceitamos o convite e, diante disso, dias antes da reunião do Conselho Permanente, o embaixador americano, o mesmo Richard McCormack de que já falei, criou um circo, dizendo numa entrevista que não só eu teria que me explicar sobre a tal viagem, como seria votada uma moção de censura contra mim, porque eu estava tomando iniciativas sem a autorização do Conselho Permanente, "porque eu era uma locomotiva que levava o trem para não se sabe que destino" — dessa segunda parte eu gostei, ele estava querendo me criticar mas na verdade estava me elogiando. Sempre existem pessoas que levam mensagens, e quando essas pessoas vieram me dizer que a intenção dos americanos, pelo menos do McCormack, era votar uma moção de censura contra mim, eu disse: "Vocês levem a mensagem de volta dizendo que eu não entro na sala. Minha obrigação como secretário-geral é informar o Conselho, mas se houver moção de censura, não entro na sala!"

Chegamos à reunião, e o primeiro orador foi o próprio McCormack, que começou fazendo críticas, dizendo que não sabia em que texto jurídico, em que decisão eu me baseava para atuar no problema da América Central — a crítica ia além da viagem, a questão era que eu estava atuando no problema da América Central. Ele acabou de falar, o Equador o apoiou, e chegou a mi-

---

[56] Roberto Abreu Sodré, ex-governador de São Paulo, foi ministro das Relações Exteriores de fevereiro de 1986 a março de 1990, no governo José Sarney. Ver *DHBB*.
[57] Trata-se do Plano Esquipulas II, que teve como antecedentes os esforços do Grupo de Contadora. Após uma importante reunião dos cinco presidentes centro-americanos em maio de 1986, Oscar Arias apresentou em fevereiro de 1987 um plano de paz que foi aprovado e assinado em agosto seguinte. Arias recebeu o Prêmio Nobel ainda em 1987. Ver verbete *Esquipulas Peace Agreement*, em http://en.wikipedia.org.

nha vez. Eu disse então que não pretendia esconder nada do Conselho, que historicamente nunca tinha feito isso, e que a minha base jurídica para fazer o que estava fazendo era a Carta da OEA. Eu não fora eleito por eles para não cumprir a Carta. E, de acordo com a Carta, eu não podia ver uma situação que não era mais de ameaça à paz, era uma situação de guerra civil, e não reagir. A gente sempre tem que ter alguma coisa que possa abalar, e eu tinha as cartas de todos os chanceleres dos países centro-americanos, que nos diziam "venham, estamos interessadíssimos". Li uma por uma. Acabada a minha apresentação, falaram os membros do Grupo do Rio, um atrás do outro, me apoiando. Depois vieram os centro-americanos, apoiando. Acabou a discussão. Eu estava apoiado por todos, e o McCormack no final disse: "Desejamos êxito na sua viagem". O problema não era a viagem. O fato de o secretário-geral da OEA ter decidido tomar uma iniciativa num processo em que um dos atores era o "Império", isso é que causou a confusão toda.

O senhor acha que havia uma desconfiança dos americanos de que o senhor pudesse agir contra os Estados Unidos?

Não tenho a menor dúvida de que havia. Essa foi a razão da minha intimação. O pretexto foi a viagem, o convite que aceitei sem consultar o Conselho, porque achava que não tinha que consultar. Eles estavam contando que podiam mobilizar votos para chegar a uma censura. No fundo, todo esse processo foi muito ingênuo, até porque a figura da censura não existe na OEA. Não é um regime parlamentar. O que você pode fazer é destituir o secretário-geral, mas não censurar.

O senhor acha que os Estados Unidos tinham o receio de que, se a OEA interviesse, ela pudesse ajudar as forças rebeldes antiamericanas?

Acho que eles levaram em consideração, primeiro, a decisão original da OEA no processo da Nicarágua, de apoio ao governo sandinista. Depois, levaram em consideração a história das intervenções americanas na América Central, em que a OEA nunca reagiu. Certamente consideraram que a novidade poderia criar problemas no futuro. Acho também — aí é apenas uma especulação, não tenho nada que comprove isso — que consideraram que, se a OEA interviesse em prol dos sandinistas, qualquer idéia de fazer em Cuba a mesma coisa que estavam fazendo na Nicarágua iria por água abaixo. O episódio da Baía dos Porcos foi negativo para eles, no sentido de que imobilizou a reação durante muito tempo, mas eles ainda não tinham esquecido a possibilidade de uma intervenção militar em Cuba, como a que estava sendo feita na Nicarágua. Se a OEA pudesse manter a sua presença no processo de paz da América Central, poderia também intervir numa possível guerrilha contra o governo de Cuba.

Para os americanos, portanto, a intervenção da OEA na América Central não era absolutamente bem-vinda.

Não era. A reação exagerada deles em parte era ingenuidade, mas em parte era também uma construção política para evitar a interferência da OEA sem o conhecimento deles, porque isso poderia servir de obstáculo a uma possível intervenção em Cuba. Em relação à primeira parte dessa afirmação tenho total segurança, mas a segunda, como disse, já é especulação. Mas não há dúvida de que eles se assustaram com a presença da OEA no processo de paz. Da ONU eles não tinham tanto receio, porque o assunto ia ao Conselho de Segurança e ali eles tinham a palavra final.

Em suma: para a diplomacia americana, seria melhor ter uma OEA fraca?

Sem dúvida. Historicamente tinha sido assim. A própria história da Guatemala é um exemplo disso: a OEA não fez nada em 1954. A República Dominicana, em 1965, foi uma vergonha para a OEA, e para nós no Brasil também. Isso é que eles queriam.

El Salvador: tiros na madrugada

Ao chegar à OEA, além do problema da Nicarágua e do problema mais antigo da Guatemala, o senhor encontrou também o de El Salvador.

Sim. Também lá havia guerra civil. E El Salvador tinha um problema adicional, porque possuía um território exíguo e um excesso populacional. Isso já tinha levado a um enfrentamento bélico com Honduras. O conflito foi chamado de "Guerra do Futebol", mas o motivo foram os excedentes populacionais que transbordaram de El Salvador para Honduras.[58]

---

[58] Em 1969, durante as partidas eliminatórias para a Copa de 1970, eclodiu um conflito entre Honduras e El Salvador, cujas relações já eram tensas devido a problemas de fronteiras e de emigração. A situação foi resolvida em dois dias, graças à intervenção da OEA. Contudo, ao longo da década de 1970, houve um progressivo desequilíbrio na política interna salvadorenha, dominada por militares. A guerrilha se fortaleceu sobretudo a partir de 1980, quando as forças de oposição se uniram na Frente Farabundo Martí de Libertación Nacional (FMLN). Em 1981 teve início uma guerra civil que durou até 1987, quando um acordo de paz entre a guerrilha e o governo foi assinado. Diante da permanência das dificuldades econômicas e da vitória do partido de extrema direita, a Aliança Republicana Nacionalista (Arena) nas eleições municipais de 1988, a guerrilha desferiu novas ofensivas sobre a capital em 1989-1990. Em janeiro de 1992, as negociações foram retomadas e assinou-se novo acordo de paz que previa a destruição das armas da FMLN e a transformação da frente em partido político, em troca de ampla anistia. Ver verbete *History of El Salvador*, em http://en.wikipedia.org.

Diante da guerra civil em El Salvador, o senhor também procurou agir em favor da paz?

Sim. E quando chegou a hora de El Salvador, as pessoas já estavam um pouco mais acostumadas com a ação do secretário-geral. Propus ao Conselho Permanente a ida de uma missão a El Salvador para ver o que se podia fazer, a idéia foi aprovada, e fui para lá com umas oito pessoas, em novembro de 1989. No primeiro dia fizemos contato com o governo e com a Igreja, e no segundo teríamos que fazer contato com a oposição e com os representantes dos guerrilheiros — eu já havia tido uma reunião com a Frente Farabundo Martí no México, antes de ir para El Salvador. Pois bem. Na madrugada do segundo dia, se não me engano às quatro da manhã, acordo com um tiroteio. Tinham me dito que era normal haver tiroteio à noite em El Salvador, mas aquilo estava muito intenso. Fui olhar e vi que estavam atacando o hotel. Estávamos num bairro da cidade como Ipanema, onde ficavam as embaixadas e residia a alta classe média. Havia um vulcão ali junto, e os guerrilheiros desciam a encosta para atacar o hotel.

Por que eles atacaram o hotel?

O gerente depois me contou que eles entraram no hotel e perguntaram: *"Donde está el secretario-general?"* Começaram as especulações: vão seqüestrar o secretário-geral da OEA! Na minha interpretação não foi nada disso, eles queriam apenas dar uma demonstração de força, pois estavam no que chamavam de "ofensiva final". Tanto que o ataque não foi só naquele bairro, atacaram toda a cidade de San Salvador. No ataque ao hotel, queriam pegar o secretário-geral, apresentá-lo numa coletiva e dizer: "O governo de El Salvador não conseguiu garantir a integridade do secretário-geral da OEA, nós estamos aqui com ele para mostrar que dominamos a situação". Não havia nenhuma intenção, no meu entendimento, de seqüestrar e exigir qualquer tipo de resgate, político ou financeiro.

De qualquer maneira, diante do ataque, todos nós que estávamos no hotel nos abrigamos num apartamento interno, no sexto andar — o meu apartamento, no último andar, era muito mais exposto. Entre os hóspedes havia senhoras, crianças, jornalistas — um deles fotógrafo, a quem se devem as fotos depois divulgadas. Um dos meus auxiliares tinha sido sargento do Exército boliviano, sabia das coisas, e nos mandou pôr colchões nas janelas, para nos protegermos dos estilhaços. Todos vimos o filme *Apocalypse Now*, e foi o que aconteceu, sem a música de Wagner: três helicópteros giravam em volta do hotel. Começaram a disparar, e fiquei preocupado. Cheguei a achar que estávamos perdidos.

Quem disparava, contra quem?

O Exército salvadorenho começou a disparar foguetes contra o hotel, porque os guerrilheiros estavam lá dentro, subindo as escadas. O Exército queria tomar o hotel descendo de helicóptero pelo teto, mas os guerrilheiros derrubaram o helicóptero e continuaram avançando. Aconteceram coisas curiosas. Eles não desligaram os telefones, que continuaram funcionando. Liguei para a embaixada do Brasil e pedi ao embaixador, Mário Dias Costa: "Mário, liga para Washington, diz que nós estamos nessa situação e que estou pedindo formalmente uma sessão do Conselho Permanente. Meu raciocínio é que, enquanto eles estiverem reunidos, estaremos mais ou menos garantidos aqui. E que tomem providências". O Conselho se reuniu imediatamente em sessão de emergência. Nisso, recebo um telefonema do gerente do hotel dizendo: "Os militares estão aqui querendo falar com o senhor, querem tirá-lo do hotel e levá-lo à Cruz Vermelha ou a alguma embaixada que o senhor designar". Respondi: "Não vou sair daqui. Estou esperando que as duas partes responsáveis pela integridade da missão da OEA, o governo salvadorenho e a Frente Farabundo Martí, cheguem a algum acordo". Os guerrilheiros continuavam no hotel e, ao ouvir tiros de pistola próximos, o ex-sargento boliviano, meu auxiliar, disse: *"Mire, señor secretario-general, están en el cuerpo a cuerpo!"* Eu comigo: estamos perdidos...

Esse ex-sargento boliviano era seu guarda-costas?

Não. Trabalhava no meu gabinete, era meu auxiliar. Havia um chefe de segurança com mais medo do que todo mundo que estava lá. Na verdade, não havia segurança alguma. Afinal, o Exército conseguiu conter os guerrilheiros. Entra um tenente no apartamento em que estávamos e declara: "Temos instrução para levar o secretário-geral". Eu digo: "Não. Ou saímos todos juntos, ou eu saio e vocês garantem que os outros saiam também. Como vou deixar os outros? A garantia que eles têm é a minha presença". Disseram: "Estamos com carros blindados à espera, para uma operação de resgate. Vai sair todo mundo". Saí com o tenente e dois soldados debaixo de tiroteio — até foi publicada uma fotografia na primeira página do *New York Times* e em outros jornais —, vieram as senhoras com duas crianças salvadorenhas, que se portaram com a maior dignidade, e veio o resto do pessoal. Fomos todos levados para o quartel-general do Exército salvadorenho, onde estava o presidente Alfredo Cristiani, fomos resgatados por um avião mexicano, e voltei para Washington.

Houve grandes especulações, mas continuo dizendo que os guerrilheiros não tinham a intenção de me seqüestrar para resgate, queriam apenas dizer para toda a imprensa mundial, que estava lá, que aquela era a ofensiva final. Já em Washington recebi um representante da Frente Farabundo Martí, que foi me ver na minha casa e disse: "A direção da Frente quer explicar que não tínhamos nada contra a sua pessoa, nem contra a OEA. Aqui está uma carta dos nossos líderes". Mas a conseqüência política desse episódio foi que a OEA não tinha mais nada que fazer em El Salvador. Eles tinham um objetivo que não alcançaram, e alcançaram um resultado em que não pensaram, que foi afastar a OEA do processo de paz. A ONU entrou no processo mais fortemente, mas a OEA não teve participação nas negociações. Depois, sim. Na fase final fui às cerimônias da reconstrução, participamos. Mas, naquele momento, a OEA foi afastada do processo de pacificação de El Salvador.

Panamá: a invasão condenada

E o Panamá? A crise ainda não havia começado quando o senhor foi para a OEA.

Não. A crise no Panamá começou mais tarde, com as eleições de 1989. As eleições foram tumultuadas, houve enfrentamentos sangrentos — a fotografia de um dos candidatos a vice-presidente agredido, ensangüentado, saiu na primeira página dos jornais, foi capa da *Time Magazine*, sensibilizou a opinião pública mundial —, e a OEA foi levada a participar da busca de uma solução. Houve a designação de uma comissão — o secretário-geral e mais três chanceleres — para ir ao Panamá, e lá fomos nós. Essas resoluções eram sempre tomadas, eu diria, com uma "cautela mexicana", porque os mexicanos estavam sempre preocupados em não ceder a qualquer coisa que pudesse parecer intervenção. Nesse caso, a cautela foi definir a missão como "missão de informação". Fomos, fizemos nossos contatos, e a missão se transformou em "missão de definição de caminhos". Estou tentando evitar a palavra mediação, porque não foi isso o que fizemos.

Ao chegar, tivemos reuniões com todas as forças políticas. Estávamos avançando, já conseguindo que as forças que apoiavam Noriega[59] aceitassem, ainda que com alguns condicionamentos, o resultado da eleição — ou seja, a vitória da oposição —, e faltava apenas resolver o destino do próprio Noriega. Temos que ver o seguinte: o Panamá tinha tido um estadista, Omar Torrijos, que negociou o Tratado do Canal, recuperou a soberania sobre a Zona do Canal.[60] Já Noriega era produto das forças de inteligência do Panamá influenciadas pelos americanos, produto da CIA. Sabíamos disso: "Ele é um produto da CIA, mas é o dono do país". E chegou o momento em que era preciso definir o seu destino. Já tínhamos conseguido da oposição e dos militares que o apoiavam um acordo para que ele chegasse normalmente ao final da

---

[59] Importante chefe militar durante o período em que Omar Torrijos foi o homem forte do Panamá (1968-1981), o general Manuel Antonio Noriega exerceu o poder de fato no país de 1983 a 1989. Ver verbete Noriega em http://en.wikipedia.org.
[60] Os chamados Tratados Torrijos-Carter, garantindo a passagem do controle sobre o Canal do Panamá dos Estados Unidos para o Panamá a partir de 2000, foram assinados em Washington em setembro de 1977. Ver verbete *Torrijos-Carter Treaties* em http://en.wikipedia.org.

carreira militar, fosse aposentado e ficasse morando na Espanha. A oposição até aceitava que ele ficasse morando no Panamá, mas a tendência era que fosse para a Espanha, porque já havia o interesse de eventuais substitutos, já havia coronéis que eram candidatos à chefia da Guarda Nacional e queriam afastá-lo.

Afinal, depois de nos termos reunido com todo mundo, chegou o dia em que tínhamos uma reunião marcada com Noriega no quartel da Guarda Nacional às 11 horas da manhã. Seria a reunião final. Pouco antes, um telefonema avisa que a reunião tinha sido adiada para as três da tarde. Chegamos lá às três da tarde, Noriega nos recebe e nos passa um vídeo mostrando as forças americanas fazendo manobras em frente ao quartel onde estávamos. Para visualizar: a linha divisória entre a zona americana do Canal e o Estado panamenho era uma rua. Do outro lado da rua estavam as forças americanas entrincheiradas, e do lado de cá estávamos nós conversando com Noriega, tratando da retirada dele. Pedi um tempo e telefonei para o Departamento de Estado, em Washington. Disse: "Nós estamos chegando a uma solução política do problema, e vocês fazem manobras!" Não somente isso, como eles também tinham feito exercícios com sobrevôo de helicópteros e descida de fuzileiros por cabos na área da embaixada americana. Disseram: "Nada do que estamos fazendo está fora do tratado que temos com o Panamá". Retruquei: "Vocês podem estar dentro do tratado, mas estão fora da realidade política! Nós estamos chegando ao fim de um processo de negociação política!" Enfim, não conseguimos que o Noriega assinasse o acordo final e fomos embora.

O resultado foi que os americanos invadiram o Panamá, pegaram o Noriega e o levaram para uma penitenciária. Com isso, perderam todos. Primeiro, perdeu a OEA, que não conseguiu chegar ao final da sua negociação, perdeu o Noriega, que está preso numa penitenciária americana, e perderam os americanos — e digo por quê: foi a primeira vez, nesse percurso, que eles foram derrotados numa Reunião de Consulta da OEA. O resultado da votação — a condenação da intervenção e o pedido de retirada das tropas americanas — foi: todos a favor e um voto contra, dos próprios americanos. Não conseguiram nem os votos habituais que os acompanham nessas situações. Foram condenados na OEA pela invasão do Panamá. Refletindo depois, até achei que tínhamos sido enganados, que desde o início os americanos queriam aquele resultado. Aceitaram a nossa missão cosmeticamente, mas queriam apanhar o Noriega e levá-lo para os Estados Unidos, e por isso invadiram o Panamá. Era essa a definição política do comportamento americano.

Interessava aos americanos prender Noriega por causa do narcotráfico?

Por causa do narcotráfico e também porque ele era um elemento deles, sempre foi. Dou a vocês uma impressão pessoal. Ficando cara a cara com Noriega na negociação, eu pensava como era possível tudo estar pendente de um idiota como aquele; lembrava-me do Omar Torrijos, um estadista realmente, e me perguntava como podia ter sido substituído por aquele medíocre. O que há de positivo em relação ao Panamá é que o Tratado do Canal, que foi assinado na OEA no tempo do Orfila como secretário-geral, prevaleceu. Foi feita a transferência da administração do Canal do Panamá. Também, de que adianta haver uma base americana na Zona do Canal neste mundo em que vivemos? Não tem a menor importância. Já para os panamenhos, a recuperação do seu território, do seu canal, era vital.

O senhor acabou de dizer que a OEA condenou os Estados Unidos em relação ao Panamá. O que significa uma condenação da OEA?

Significa o que significa uma condenação da ONU: não há como implementar, mas mobiliza-se a opinião pública mundial. Mesmo o Conselho de Segurança vota sanções que são obrigatórias para todos os países, segundo o capítulo 7 da Carta das Nações Unidas, e não se vêem resultados. Há exemplos na América Latina, como o do Haiti, em que houve uma sanção do Conselho de Segurança sem resultado algum. A força dos organismos internacionais é a opinião pública. Nós não chegamos ainda a um organismo supranacional — a não ser no caso da União Européia, onde, sob determinados aspectos, há perda da soberania em benefício da supranacionalidade. Não há um governo mundial, e é melhor que não haja, na minha opinião. O que temos são parlamentos como a ONU, a OEA, que votam resoluções que podem ter força de opinião, força política, até algumas vezes força ética, e essa é a força desses organismos. Há operações que levam a determinadas partes do mundo a presença militar de vários países sob a bandeira das Nações Unidas, mas não há um exército das Nações Unidas. Da mesma forma, nunca houve uma força interamericana de paz permanente, que alguns queriam compor na OEA, mas sempre foi rejeitada. A força dos organismos internacionais é essa, não há outra. Às vezes dá certo. Espero que dê muito mais.

Suriname e Guianas

Em 1991, uma missão da OEA esteve no Suriname. O que estava acontecendo lá naquele momento?

O Suriname é um país muito interessante. Tudo existe lá, todas as religiões, todas as etnias, porque aquela era a colônia para onde os holandeses mandavam nacionais e gente de outras regiões do mundo sob seu domínio. Isso criou uma sociedade muito curiosa. Havia uma convivência harmoniosa, até que começaram os problemas políticos, com o golpe do coronel Bouterse, que se tornou o homem forte do país. Esses problemas tinham duas faces, uma externa e outra interna. Do ponto de vista internacional, quando o Bouterse perdeu o apoio dos holandeses e se voltou para Cuba, os americanos temeram que se instalasse no Suriname um novo foco comunista na América. Enquanto isso, internamente, surgiu um movimento guerrilheiro que reuniu vários grupos, entre os quais o Comando da Selva, dos descendentes de escravos africanos, e os Tucajana Amazonas, dos índios. Dadas as dimensões do Suriname, não se pode dizer que a guerrilha fosse algo que ameaçasse a paz internacional, mas era um peso e uma tragédia para o próprio país.

Essa era a situação quando a questão chegou à OEA. O governo do Suriname pediu o nosso apoio, e nossos primeiros esforços concentraram-se em 1991, quando enviei uma missão chefiada por um brasileiro, Edgardo Costa Reis, para acompanhar as eleições. No ano seguinte, ele voltou com nova missão, agora para colaborar na pacificação do país. Eu mesmo também fiz visitas ao Suriname e conversei com líderes políticos, militares e empresários, naqueles edifícios governamentais de madeira — Paramaribo é uma cidade curiosa, muito limpa, a maioria dos edifícios construída em madeira. Há uma forte influência brasileira no Suriname, inclusive no idioma popular. O idioma oficial é o holandês, mas o popular, *taki-taki*, tem influência do português. Nossa missão fez os contatos, aproximou o governo da guerrilha, chegou-se a um acordo, e foi feita a entrega solene das armas.[61]

Gostaria de ressaltar a oportunidade da intervenção da OEA no Suriname, porque não era uma guerrilha típica da América Central, nas condições da de El Salvador ou da Guatemala, mas ainda assim era uma guerrilha que, se se desenvolvesse, poderia atrair os outros Estados vizinhos, a Guiana Francesa e a Guiana, ex-Guiana Inglesa. Há uma disputa territorial entre a Guiana e o Suriname ainda não resolvida definitivamente, adormecida, o que poderia ser um fator de complicação da conjuntura estimulada pela guerrilha. Portanto, havia uma real ameaça aos países vizinhos. Mas chegou-se à conclusão feliz do processo, porque houve o atendimento de algumas reivindicações, que eram mínimas. A primeira, como sempre, era de respeito: respeitar os direitos dos ex-combatentes, abrir perspectivas para a sua integração à sociedade. Havia a resistência dos militares e do coronel Bouterse, que não ad-

---

[61] Após alcançar a independência em 1975, o Suriname viveu um período de cinco anos de exercício democrático, contando com substancial ajuda dos holandeses. Em 1980, o governo foi deposto por um golpe comandado pelo então major Desi Bouterse, que se tornou o homem forte do país. Quando os militares ordenaram o assassinato de 15 membros da oposição, em dezembro de 1982, Holanda e Estados Unidos cortaram o apoio ao Suriname, o que fez Bouterse buscar a ajuda de Cuba. Os anos seguintes foram de instabilidade: em 1986 teve início a guerrilha, em 1987 realizaram-se eleições, em 1990 Bouterse liderou novo golpe e em 1991 Ronald Venetiaan foi eleito presidente. Em 1992 foi assinado um tratado de paz com os guerrilheiros. Ver verbete *History of Suriname* em http://en.wikipedia.org; ver também João Clemente Baena Soares, *Síntese de uma gestão: 1984-1994*. OEA/OAS, 1994.

mitiam a integração, mas conseguimos normalizar os lados político e jurídico, e o país voltou à normalidade constitucional.

Como sempre, a reintegração dos guerrilheiros à sociedade é um problema. Na Nicarágua foi assim, e no Suriname também, ainda que em dimensão menor. Conseguiu-se minimizar os obstáculos com o auxílio e a assistência permanente da OEA. Para o país, a reintegração representava uma dificuldade quase intransponível, pois havia as intransigências habituais, exasperadas pela pequena dimensão do território. Não se podia criar, como em um país de dimensões maiores, um ambiente propício para absorver aquela crise menor.

Temos a informação de que na década de 1980, durante o governo Figueiredo, chegou-se a especular no meio militar sobre a possibilidade de o Brasil invadir o Suriname.

É verdade. A solução, naquele momento, foi mandar um embaixador novo que fez um excelente trabalho: Luiz Felipe Lampreia, que depois foi ministro das Relações Exteriores.[62]

Qual era exatamente a preocupação do governo brasileiro em relação ao Suriname naquele momento?

Era muito mais a preocupação de não ter um foco de perturbação ou de instabilidade na fronteira, que poderia crescer, do que a visão americana de que se estaria criando um novo foco comunista no continente. Eu não tinha a visão — naquele momento eu era secretário-geral do Itamaraty — de que houvesse uma ameaça comunista. Mas sabia que essa visão existia, mais pela análise do nosso serviço de inteligência do que do serviço diplomático, e sobretudo, do lado dos americanos, pela presença cubana no Suriname, a pretexto de dar apoio técnico e econômico ao país.

Essa presença cubana, portanto, não tinha nada a ver com a guerrilha?

Não. A guerrilha no Suriname, no seu começo, no seu desenvolvimento e na sua conclusão, não foi uma guerrilha cubana. Era uma guer-

---

[62] Luiz Felipe Lampreia foi embaixador do Brasil em Paramaribo de 1983 a 1985 e ministro das Relações Exteriores do governo Fernando Henrique Cardoso de 1994 a 2002. Também em 1983 o governo brasileiro enviou ao Suriname missão chefiada pelo general Danilo Venturini, então secretário do Conselho de Segurança Nacional. Em seu regresso, ao expor à Comissão de Relações Exteriores da Câmara dos Deputados os motivos de sua viagem, o general Venturini declarou que a maior preocupação do presidente Figueiredo era evitar que o Suriname caísse na área de influência cubana, pelo vácuo de ajuda verificado desde o final de 1982, quando foram assassinados 15 membros da oposição ao regime do coronel Bouterse. Ver verbetes Lampreia e Venturini em *DHBB*.

rilha formada essencialmente pelos descontentes socialmente, não ideologicamente. Não havia uma luta ideológica. Sem dúvida havia uma presença cubana no Suriname, mas não a ponto de se criar uma cabeça-de-ponte no continente.

Se o Brasil decidisse mandar tropas para o Suriname, ou para qualquer país, como isso seria feito? A ocupação militar teria que ser feita por uma decisão vinda de um organismo internacional?

Claro. Na tradição isso já estava consolidado, mas agora está ainda mais presente em todos os setores a idéia de que o Brasil só participa de qualquer ação militar dentro dos parâmetros das Nações Unidas. Naquele momento, uma das hipóteses imaginosas era o Brasil participar de alguma reação, como participou da operação da OEA na República Dominicana, o que foi muito ruim. Foi um dos momentos mais negativos da OEA, porque houve a invasão, e a OEA veio para endossar. Hoje, não vejo como mudar a nossa tradição de repúdio a uma ação militar individual contra qualquer país. Hoje, não só a tradição como o texto constitucional impedem isso. O Brasil está inibido de uma ação militar contra outro país não só pela sua história, pela sua posição de princípio, como pela Constituição. Mesmo naquele momento, a hipótese de invasão do Suriname, levantada por setores que contemplavam a situação, era muito remota e não pôde ir em frente, não se desenvolveu.

Em relação à Guiana Francesa, eu me lembro, por exemplo, das idéias delirantes do Jânio Quadros. Muitos anos depois, em conversa com Moura Cavalcanti, que tinha sido governador do Amapá, ele me disse: "É verdade, uma vez recebi um bilhete do Jânio dizendo que eu me preparasse para acelerar a construção de uma estrada em direção à Guiana Francesa, porque no dia 7 de setembro de 1961 ele queria estar declarando a independência da Guiana Francesa". Imagine em que confusão nós estaríamos metidos. Estaríamos em guerra com a Europa... Era uma coisa fora de propósito. Não ocupamos a Guiana dessa maneira, mas hoje estamos ocupando, pela ação dos paraenses... O Brasil nunca deve desconfiar da ação positiva do Pará em benefício dos seus interesses. Está cheio de paraenses em Caiena, e no Suriname também.

A situação das Guianas no cenário sul-americano é complicada? A Guiana Francesa, por exemplo, é dita território de ultramar.

Os franceses dizem que é território de ultramar, como os portugueses também diziam que Angola era território de ultramar. Ninguém vai discutir o *status* da Guiana Francesa, como ninguém discute o *status* de Guadalupe e Martinica, ou das ilhas holandesas, ou das Ilhas Virgens britânicas. São situações coloniais que ainda persistem e vão persistir sempre, cada uma com uma vestimenta jurídica diferente. A Guiana Francesa é território de ultramar, tem os seus deputados na Assembléia Nacional Francesa etc., mas tem, sobretudo, a base de foguetes em Kourou. Essa é que é a importância geográfica da Guiana Francesa, por causa da proximidade do Equador. Acho, também, que se houvesse uma consulta aos habitantes da Guiana Francesa sobre autodeterminação, eles não escolheriam deixar de ser franceses. É a minha impressão. O Suriname e a Guiana, além de serem sul-americanos, são caribenhos, fazem parte do Caricom.[63] Têm "dupla nacionalidade", mas não deixam de ser países sul-americanos. Quando falamos na América do Sul, temos que ter essa realidade presente.

Conversando com militares que atuaram no SNI nos anos 1970 e 80, tem-se a impressão de que as Guianas eram países onde o Brasil tinha o controle das informações, sabia de tudo o que acontecia, quem era quem. Isso é um pouco de fantasia?

Não sei se eles exageram, porque quem sabe realmente do que acontece na Guiana são os ingleses, e do que acontece no Suriname são os holandeses. Nós temos muito pouca ligação. Há um avião semanal de Belém para o Suriname, mas para a Guiana, não. Recentemente inauguramos uma estrada para a Venezuela, mas não há estrada para a Guiana. Tudo isso qualifica um pouco esse tipo de afirmação. É verdade, como disse, que há uma presença crescente de paraenses no Suriname e na Guiana Francesa, há um intercâmbio de pessoas muito grande, e isso tende a criar um intercâmbio de interesses econômicos e comerciais. Hoje eles são modestos, mas podem crescer.

Das três Guianas, qual tem a melhor e a pior situação socioeconômica?

A que tem o maior potencial é a Guiana. O mais arrumadinho, mas com pouco potencial econômico, afora a pesca, é o Suriname. A mais empobrecida e atrasada é a Guiana Francesa. A Guiana tem minerais e, no meu tempo da OEA, estava abrindo para o turismo. Essa é outra possibilidade econômica da Guiana. No Suriname e na Guiana Francesa já é mais difícil, porque eles não têm praias como nós entendemos, têm uns alagados, uns mangues, sobretudo o Suriname. Mas têm rios, aí sim, uma possibilidade a explorar.

---

[63] A Comunidade Caribenha (Caricom), bloco econômico formado pelos países caribenhos, foi fundada em 4 de julho de 1973 e reúne atualmente 15 membros. Ver www.caricom.org.

Haiti: a sanção ineficaz

Como se apresentava a situação do Haiti na época em que o senhor esteve na OEA?

O Haiti foi uma das minhas frustrações no final. Mas vamos acompanhar a história do país. Depois que o Baby Doc foi derrubado, em 1986, houve um período de turbulência até que, em 1990, assumiu interinamente a presidência uma senhora, presidente do Supremo Tribunal do Haiti.[64] Nenhum dos embaixadores do nosso Conselho Permanente tinha percebido a importância dessa mudança, as repercussões que ela poderia ter. Pedi então uma reunião do Conselho, e acabamos aprovando uma resolução que encarregava o secretário-geral de procurar caminhos para restabelecer a calma no Haiti e conduzir a situação a um desfecho democrático. Foram marcadas eleições e, a pedido do governo haitiano, nos comprometemos a fazer a observação eleitoral. Pedi à Universidade de Campinas que criasse um sistema de acompanhamento, pois eu queria ter resultados de confiança, e fomos para lá. A OEA sempre teve a prática de observação eleitoral, mas era uma prática um pouco deficiente, porque os observadores chegavam ao país um dia antes, ou no próprio dia da eleição, e logo depois iam embora. Estabeleci que tínhamos que ficar lá durante todo o processo eleitoral. E o fato é que tivemos o nosso pessoal lá desde a abertura do processo até a proclamação dos eleitos.

Essa eleição no Haiti, em dezembro de 1990, despertou interesse. Estavam lá outros observadores europeus, estava o Jimmy Carter, e estávamos nós. Fui um pouco antes e fiz contato com os candidatos e com as forças locais: militares, políticos, Associação de Vodu do Haiti, todo mundo. No dia da eleição não houve problemas, a não ser coisas tópicas. Aconteceu, por exemplo, um episódio curioso. A eleição tinha começado às sete horas da manhã, cheguei a uma seção às duas da tarde e fui cercado pelas pessoas, que diziam: "Não temos nada aqui, não temos urnas, não temos cédulas! Queremos votar!" Pelo rádio, chamei o Tribunal Eleitoral e perguntei o que estava acontecendo. Dez minutos depois chegou um caminhão, é claro que não pela minha chamada. Já estava vindo quando chamei. Mas foi uma dessas coincidências abençoadas. Quando os eleitores viram o caminhão chegando com as urnas, gritaram: "Viva a OEA! Viva a democracia no Haiti!" Eu me saí muito

---

[64] O período de turbulência que se seguiu aos 29 anos de ditadura violenta e corrupta de François Duvalier, o Papa Doc (1957-1971), e seu filho Jean-Claude Duvalier, o Baby Doc (1971-1986), parecia ter chegado ao fim quando, em março de 1990, Ertha Pascal-Trouillot, presidente do Supremo Tribunal, assumiu o governo e convocou eleições para dezembro daquele ano. Ver verbete *History of Haiti* em http://en.wikipedia.org.

bem... Isso é só uma curiosidade, mas a participação do povo na eleição, a ânsia de votar, de participar, nos deixavam emocionados.

Ao mesmo tempo que as seções mandavam os mapas com os resultados para o Tribunal Eleitoral, os dados eram transmitidos pelo rádio para a nossa missão. Na verdade, só havia dois candidatos que interessavam, Jean Bertrand Aristide e René Bazin. Os outros eram corpo de baile. O pessoal de Campinas fez a projeção, e pouco depois da meia-noite vimos que Aristide estava eleito. Mas os ânimos estavam exaltados, porque Bazin, ex-funcionário do Banco Mundial, patrocinado pelos americanos, tinha feito uma campanha afirmando que *ele* já estava eleito. Já Aristide era um candidato que tinha sido lançado dois meses antes da eleição, com o mesmo ímpeto com que foram lançados Fernando Collor aqui e Fujimori no Peru, o mesmo fenômeno.

De posse da projeção, fomos visitar os dois candidatos. Primeiro, Bazin. Ele me recebeu com um cafezinho, aquelas gentilezas todas, como fazem as pessoas que estão ansiosas por uma boa notícia, e eu lhe comuniquei: "Quero lhe dizer, dr. Bazin, que nós fizemos projeções do resultado, e que não vai haver segundo turno. Seu adversário ganhou a eleição". Existe uma palavra em espanhol muito boa, *desplomarse*, que significa perder o prumo, desmoronar. Foi o que aconteceu: ele se *desplomó*. Puxei as folhas do computador e mostrei. Fomos depois ao Aristide e dissemos a mesma coisa. É claro que ele estava confiante na vitória, mas não sabia de quanto. A reação foi de temor pela responsabilidade que estava assumindo. Quase 70% dos votos! Pedi a ele que contivesse o seu pessoal, que pedisse aos seus partidários para irem para a rua com calma, porque é sabido que o Haiti tem um sentido estético da vida, mas também é um país onde o sangue corre fácil. Isso foi a eleição.

Assim que Aristide assumiu, imediatamente começaram as ações de oposição. O Haiti é dominado por nove famílias, que historicamente têm ligações com os Estados Unidos. Todo o programa de governo do Aristide era acabar com poder oligárquico dessas famílias. Aconteceu o inevitável: houve um golpe, que é um traço histórico do processo haitiano, e o general Raul Cedras assumiu.[65] Levei o assunto ao Conselho Permanente, o Conselho convocou uma Reunião de Consulta, e se iniciou o processo de recuperação da democracia. Aristide continuava sendo reconhecido pela OEA como presidente legítimo, portanto a delegação do Haiti na OEA era a que tinha sido nomeada por ele. Fui várias vezes ao Haiti, com diferentes chanceleres — da última vez numa missão chefiada pela chanceler do Canadá, num avião canadense —, e nada. Tive conversas com o governo haitiano, meus auxiliares também, sem resultado. Uma assessora do meu gabinete, a diplomata brasileira Irene Pessoa, que mandei numa missão exploratória, teve uma conversa

---

[65] Aristide assumiu em fevereiro e foi deposto em setembro de 1991. Iniciou então um exílio que duraria três anos, enquanto o país era submetido a um governo militar inconstitucional. Ver verbete *History of Haiti* em http://en.wikipedia.org.

com o Cedras, em que, para se esquivar, ele disse: "A senhora não entende a cultura haitiana. Já ouviu falar no vodu?" Ela respondeu: "Realmente, não conheço os detalhes da prática do vodu. Agora, o senhor já ouviu falar em macumba, candomblé? Não? Então, podemos conversar em igualdade de condições". Ele teve que encaixar essa.

Houve um processo longo, em que a OEA participou ativamente. Foi votado um embargo, um bloqueio contra o Haiti, mas, como sempre há uma certa criatividade, o bloqueio não foi completo. Grande parte das bolas de beisebol do campeonato americano é feita no Haiti: só por aí o embargo já estava suspenso... E há também a fronteira com a República Dominicana, que é altamente permeável. O bloqueio, na verdade, não atingiu as nove famílias, atingiu o povo, causou danos ao povo. Afinal, por iniciativa do governo chileno, e com o apoio do Aristide no exílio, a questão do Haiti acabou por ser levada ao Conselho de Segurança da ONU. Reagi: escrevi uma carta ao secretário-geral da ONU, na época Boutros Gali, dizendo que não via na situação do Haiti nenhuma ameaça à paz e à segurança internacionais que permitisse a aplicação do capítulo 7 da Carta das Nações Unidas. A situação era a de um processo democrático interno que fora violado por um golpe de Estado, e com a Carta da OEA reformada em 1985, e mais a decisão de Santiago do Chile sobre a promoção da democracia, nós, na OEA, tínhamos base jurídica e política para agir. Eu não via legitimidade no exame da questão do Haiti pelo Conselho de Segurança.

O fato é que o Conselho de Segurança podia decidir a aplicação de sanções, e decidiu. Condenou o governo do Haiti, mas a sanção não teve eficácia alguma. Afinal, o que resolveu a situação do Haiti foi a migração do chamado *boat people* em navios, barcos, até pneumáticos. O êxodo de haitianos para o litoral da Flórida aumentou tremendamente, os americanos foram sensíveis a isso, e veio a intervenção militar. Digo e repito: os americanos não defenderam a democracia, defenderam o litoral da Flórida. Por isso é que foram para o Haiti. Como resultado, voltou Aristide.[66]

Qual a sua impressão de Aristide?

Ele me dava boa impressão, de um sacerdote preparado, uma pessoa honesta no objetivo que tinha, que depois foi sendo transformada pelas forças da realidade política. Esteve firme durante todo o processo, foi acessível durante toda a negociação. Sei que dizem muitas coisas dele, sobre hones-

---

[66] Em 19 de setembro de 1994 desembarcaram no Haiti os primeiros contingentes de uma força internacional liderada pelos Estados Unidos. Em 15 de outubro, Aristide retornou ao país e governou até fevereiro de 1996. Reeleito, voltou ao poder no período de 2001 a 2004, quando, por força de uma rebelião, deixou o Haiti. Ver verbete *History of Haiti* em http://en.wikipedia.org

tidade pessoal, corrupção etc., mas não posso falar do que não vi. Foi mantido em Washington pelos americanos, tinha um apartamento lá, viajava pago pelos americanos, a embaixada do Haiti continuava em Washington... Não sei depois os caminhos que percorreu.

Peru e Guatemala: compromisso com a democracia

O senhor mencionou o Compromisso de Santiago com a Democracia e a Renovação do Sistema Interamericano. Esse documento foi aprovado pela OEA em junho de 1991. Qual foi o contexto?

Houve antecedentes. A preocupação com a democracia acompanhou a evolução interna dos países latino-americanos, mas também todo o processo de revisão da Carta da OEA, que tinha sido feito em Cartagena das Índias em 1985 e tinha deixado um impulso de renovação e mudança. A democracia era na verdade um tema novo para a OEA, porque, embora a Carta de 1948 falasse em democracia, a OEA nunca deixou de aceitar países não-democráticos. Depois de Cartagena das Índias, começaram as inquietações nesse ponto, porque se reiterou a democracia como objetivo e como fundamento da OEA. Santiago foi conseqüência desse impulso que vinha de Cartagena.

É preciso lembrar que foram dois os documentos produzidos em Santiago em 1991: o Compromisso com a Democracia e a Resolução 1.080, que criou um *sistema* de defesa da democracia. Por esse sistema, quando um Estado sofresse algum golpe e o governo se desviasse da legitimidade constitucional, se estabeleceria um processo, em várias etapas. A primeira seria de responsabilidade do secretário-geral: caber-lhe-ia identificar a agressão ao processo democrático e convocar uma sessão do Conselho Permanente. O Conselho Permanente, por sua vez, examinaria a situação e convocaria uma Reunião de Consulta dos chanceleres. Esse foro, finalmente, decidiria o que fazer: ou mandar emissários para tentar uma solução, ou aplicar medidas voluntárias para isolar aquele governo — a Carta da OEA não prevê sanções.

Essa era a essência da Resolução 1.080, tal como foi votada em Santiago. Foi possível chegar a essa fórmula porque o caminho democrático já era uma realidade em quase todos os países-membros, e esses países procuravam se defender. Essa era a razão política do sistema, e por isso não se poderia ter chegado a ele antes de Cartagena, nos anos 1960 ou 70. Já no início dos anos 1990, havia um novo contexto interamericano de preocupação com a democracia. Preocupação com os direitos humanos sempre houve, como atesta o Pacto de San José.[67] Nós tínhamos a Corte, tínhamos a Comissão In-

---

[67] O Pacto de San José de Costa Rica, ou Convenção Americana sobre Direitos Humanos, foi assinado em 22 de novembro de 1969 por 12 Estados-membros da OEA. Ver www.oas.org.

teramericana de Direitos Humanos. Mas a preocupação com a defesa da democracia floresceu em Santiago. Produziu-se então não só o chamado Compromisso de Santiago com a Democracia, mas a Resolução 1.080, que veio dar base jurídica à ação.

Menos de um ano depois de ser aprovada, em abril de 1992, a Resolução 1.080 foi aplicada ao caso do Peru, no golpe do Fujimori.[68]

A primeira aplicação da 1.080, como contei, foi no Haiti. A segunda, no caso do Fujimori. As pessoas qualificam a ação do Fujimori como um "autogolpe", mas acho uma expressão um pouco apressada, porque ele não deu um golpe sobre si próprio, deu um golpe sobre os demais poderes da República. É preciso situar essa decisão do Fujimori. O Peru estava sob pressão do Sendero Luminoso. A guerrilha triunfava, de tal modo que Lima estava cercada, ameaçada de ser ocupada pelo Sendero. Outro dado era o descrédito que tinham alcançado os poderes Legislativo e Judiciário diante da opinião pública. Terceiro fato, naquele momento Fujimori tinha mais de 80% de apoio popular. Fujimori, o *Chino*, como era chamado, era uma figura antielite, um japonês que depois se transformou em peruano, professor, reitor de uma universidade, e *los de abajo* se identificavam com ele. Ele enfrentou nas eleições figuras que eram internacionalmente reconhecidas, mas que eram elite, como Mario Vargas Llosa, como Pérez de Cuellar. Portanto, havia um conteúdo que escapava aos analistas. Outra circunstância que compunha o quadro era que Fujimori vinha depois do governo da Apra, que foi um governo cercado de uma grande expectativa favorável da opinião pública, mas desmoronou. Tantas fez o Alan García, que mandou água para o moinho da oposição, unida em torno do Fujimori.

Diante desse quadro, Fujimori decidiu aplicar o golpe, porque se considerava tão forte que achava que não haveria oposição. O que ele não esperava era a reação da OEA. Esperava alguma turbulência que, achava, atravessaria. Mas houve reação da OEA. Quando chegou a notícia, pedi uma reunião do Conselho Permanente e aplicamos todo o procedimento criado pela 1.080. A reunião de chanceleres decidiu enviar uma missão a Lima, e assim foi feito. Dessa missão faziam parte o chanceler do Uruguai, Gross Espiell, o chanceler de Honduras, Mario Carias Zapata, o chanceler do Paraguai, Alexis Frutos Vaesken, os representantes dos chanceleres da Argentina e do Canadá, e eu.

---

[68] Após ser eleito presidente do Peru, sucedendo a Alan García, da Aliança Popular Revolucionária Americana (Apra), Alberto Fujimori tomou medidas que reduziram drasticamente a inflação e, para eliminar a oposição a seu esforços reformistas, dissolveu o Congresso, em 5 de abril de 1992. Desde o início de seu governo combateu também duramente o Sendero Luminoso, grupo guerrilheiro maoísta criado em 1960. Ver verbete *History of Peru* em http://en.wikipedia.org.

Fomos para conversar e saber o que acontecia, e nos hospedamos no hotel Hilton Lima, defronte do Supremo Tribunal, sede do Poder Judiciário. Quando entramos, vimos cinco tanques com os canhões apontados para o hotel. Pensei: começamos mal.

Fomos ouvindo as pessoas, primeiro os políticos tradicionais, como Belaúnde Terry, de uma geração que não tinha mais ação efetiva, tinha perdido influência na opinião pública. Ouvimos depois os formadores de opinião, e por fim fomos ver Fujimori. Uma coisa curiosa é que fomos recebidos na sala de reunião do ministério, onde havia uma mesa grande com poltronas, só que a poltrona na cabeceira era mais elevada do que as demais. Percebi a hierarquia. Sentamos nas cadeiras dos ministros, Fujimori sentou na sua cadeira mais elevada, no seu trono imperial, expôs a situação e pediu compreensão pela atitude tomada, que era irreversível. Vocês podem imaginar o que ele alinhou como justificativa. Depois, ouvimos os ministros. Em seguida, fomos ouvir os militares. Fujimori tinha de fato o apoio dos políticos de fora da elite e dos militares. Não fez aquilo como um blefe, era uma realidade, ele tinha força. E tinha também, naquele momento, a força da opinião pública.

Com o Sendero o senhor não conversou?

Com o Sendero, não. Conversamos com políticos que estavam marginalizados por terem apoiado o Sendero. Conversamos com a oposição, conversamos com o vice-presidente, esse sim um *cholo*. As conversas foram muitas. Voltamos, expusemos as gestões na reunião de chanceleres, e ficou acertado que voltaríamos ao Peru para tentar uma solução que levasse o país ao retorno ao quadro constitucional — eu me lembro daquela expressão do marechal Lott: "retorno aos quadros constitucionais vigentes". Nessa segunda visita, fomos mais explícitos, mais enfáticos com Fujimori. Tive uma conversa com ele a sós, e o chanceler do Uruguai, Gross Espiell, teve outra.

Como foi essa conversa?

Ele estava irredutível. Começamos, eu e depois o Gross Espiell, a mostrar que não haveria, como ele esperava, a digestão do golpe pelo hemisfério e pela OEA. O golpe era indigesto, e ninguém iria aceitar aquela situação. Ele estava isolado. Isso também nos levava a dizer que só havia uma solução, que era a volta à Constituição. Ele dizia que àquela Constituição ele não voltava. Nós explorávamos então com os políticos a possibilidade de uma constituinte, a possibilidade de antecipar as eleições. A idéia do Fujimori era ter dois anos, talvez, de regime de exceção, tempo durante o qual ele acabaria definitivamente com o Sendero — tema muito popular na opinião pública. Ele dizia que já estava ganhando a luta, que Lima já não estava mais ameaçada, mas que ainda precisava de algum tempo e não podia se comprometer.

Continuamos a pressionar, mas não saímos com uma decisão. Também pressionávamos os políticos, enfim, todas as forças que podíamos mobilizar. Voltamos a Washington, e a decisão dos chanceleres foi a de estabelecer prazos e dar maior ênfase às decisões anteriores de respeito à democracia e aos direitos humanos. Não houve votação de medidas voluntárias. No caso do Haiti houve, mas no caso peruano, não. O que houve foi muita ação política, o volume de ação política foi enorme.

Estávamos nessa situação quando, em maio, chegou o momento da assembléia ordinária da OEA em Nassau, nas Bahamas. Ao mesmo tempo que se realizaria a reunião ordinária da assembléia, haveria uma reunião de chanceleres sobre o caso do Peru. Entre o nosso regresso a Washington e a assembléia em Nassau, continuamos os contatos com as autoridades peruanas e começamos a fazer um trabalho junto ao ministro da Fazenda, que era o mais sensível, porque tínhamos o BID conosco. O BID se associava ao nosso esforço suspendendo ou dificultando os fluxos financeiros. Essa foi outra arma utilizada. Tínhamos o ministro do Exterior como interlocutor e tínhamos também o ministro da Fazenda, como interlocutor mais efetivo. Tentávamos empurrar o Fujimori para uma solução aceitável para a OEA, que seria ou a decisão de convocar eleições, ou a renúncia. Esta última era a ação mais pedida pelos políticos no Peru: renúncia e posse do vice-presidente. Mas isso nós achávamos que era impraticável, porque os militares não iriam permitir enquanto o Sendero não acabasse. A outra idéia era convocar eleições imediatas, deixando de fora Fujimori e seu vice. Estávamos trabalhando, sobretudo, com a hipótese de uma constituinte, de nova eleição, quando recebemos o aviso de que Fujimori pedia para ser ouvido pela reunião de Nassau.

Isso era inédito?

Era inédito, nunca houve caso de um presidente em exercício falar em uma reunião. Claro que houve — isso é prática da OEA — sessões protocolares em Washington para receber presidentes. Mas um presidente vir a uma reunião de chanceleres para expor sua proposta, levando em conta as decisões desses mesmos chanceleres, isso era inédito. Fujimori veio com a proposta de eleição para uma assembléia constituinte, de data para a posse dos constituintes eleitos e de um calendário para novas eleições presidenciais, enfim, de um caminho de volta ao processo democrático. Isso foi aceito pelos chanceleres, e assim se resolveu a questão.

Não há solução-modelo para todas as situações, não existe, não pode haver. Se aplicássemos maior energia no isolamento de Fujimori, o que iríamos ter como resultado seria a guerra civil. Foi dito na época que fui o "padrinho" do Fujimori. Mas o que estava na cabeça de todos nós, não só dos membros da missão, como dos chanceleres, era evitar a guerra civil. Não havia que esquecer a força, naquele momento, do Sendero Luminoso. Depois o

Sendero acabou, mas naquele momento nós estávamos na iminência de uma guerra. Se isolássemos Fujimori totalmente, se cortássemos todos os fluxos financeiros, se interrompêssemos as relações diplomáticas, iríamos ter um problema muito maior. A estratégia era convencer Fujimori a flexibilizar sua própria posição, e também tentar dizer aos políticos tradicionais que, naquelas circunstâncias, a renúncia do Fujimori e a convocação de novas eleições presidenciais eram um convite ao golpe militar. Estávamos entre o golpe militar e a possibilidade de guerra civil.

A solução encontrada foi apropriada dentro das normas da OEA. Cumpriu-se a 1.080, e o país voltou à normalidade democrática. Sempre digo que não se pode ignorar que Fujimori realmente tinha apoio popular, e que foi por saber disso que ele deu o golpe — já Jânio Quadros, aqui, não tinha apoio popular, e por isso acabou no porto de Santos aos prantos. Foi a pressão da OEA que levou à solução da questão do Peru. Foi um resultado, no momento, mais do que possível: foi um bom resultado.

Na Guatemala também quase houve um golpe em 1993.[69] Foi a ação da OEA que impediu?

Foi. Cada situação tem uma solução diferente. As pessoas diziam o seguinte: "A OEA ganhou na Guatemala, empatou no Peru e perdeu no Haiti". Eu respondia: "Tratar assunto político como jogo de futebol não é possível, as coisas são diferentes". Na Guatemala, o que aconteceu foi que o presidente Serrano Elías, animado com o exemplo do Fujimori, deu exatamente o mesmo golpe, só que não tinha nem as mesmas condições, nem a mesma audácia do Fujimori. Iniciei o mesmo procedimento, e lá fomos nós para a Guatemala, dessa vez com o chanceler de Trinidad & Tobago, Maurice A. King, o chanceler do Uruguai, Sergio Abreu, e o da Nicarágua, Ernesto Leal Sanchez. Assim que nos instalamos num hotel, começamos a receber os representantes dos setores com os quais nos interessava falar. O país estava em estado de sítio, e não havia possibilidade de os partidos se reunirem — encontro de mais de três pessoas, ia todo mundo preso. Como os próprios políticos disseram depois, o único momento em que eles podiam falar era no encontro com a OEA. Não houve restrição à ida deles ao hotel, pois tínhamos conversado com o presidente antes.

Começamos com os militares, que tinham sido manobrados pelo presidente. Recebemos, em seguida, os representantes dos indígenas, recebemos Rigoberta Menchú, recebemos delegações de parlamentares, recebemos

---

[69] Eleito presidente da Guatemala em 1990, Jorge Antonio Serrano Elías tomou posse em janeiro de 1991 e dissolveu o Congresso em maio de 1993. O golpe fracassou, e dias depois o Congresso elegeu Ramiro de León Carpio para completar seu mandato. Ver verbete *History of Guatemala* em http://en.wikipedia.org.

Ramiro de León Carpio, que depois foi escolhido presidente, na época era um advogado ativista de direitos humanos, recebemos os representantes do partido do governo, a oposição, os jornalistas. Todos vieram conversar conosco. Serrano Elías resistia muito, dizia que nós não conhecíamos a Guatemala, não sabíamos o poder dos evangélicos no país — ele era evangélico —, afirmava que não ia sair, porque a Guatemala precisava acabar com a corrupção. Os temas são sempre os mesmos: é preciso limpar o país para retomar a democracia em novas bases.

Isso se prolongou por uma semana. Quando nós sentimos que o apoio militar ao governo não era incondicional, começamos a conversar mais claramente com os militares, dizendo que achávamos que o presidente devia renunciar e o vice assumir. Felizmente sempre tivemos preocupação com o formalismo e por isso mesmo queríamos a participação da Assembléia Nacional. Achávamos que a solução devia vir através da Assembléia. Os militares aceitavam isso, e percebemos que eles estavam se afastando cada vez mais do presidente. Tivemos uma reunião final com Serrano Elías, e eu disse: "Nesta situação, não há mais possibilidade de o senhor continuar. Já estamos chegando ao final do processo, e o senhor tem que renunciar. Esta é a solução". Ele renunciou, foi para o Panamá, e o vice-presidente assumiu, com a expectativa pessoal de ficar até o final do mandato, o que não era a expectativa nem da nossa missão, nem dos políticos da Assembléia. Também foi levado a renunciar. Respeitada a norma constitucional, o Congresso Nacional elegeu um novo presidente, Ramiro de León Carpio, pessoa respeitada pelo país todo.

Não houve na Guatemala aquela tensão que havia no Peru. Embora a Guatemala também estivesse em guerra civil, no Peru eu achava as coisas mais perigosas. Naturalmente, na Guatemala também havia violência, mas a conversa com os diferentes setores era mais fácil, porque eles não eram tão inflexíveis como no Peru, todos queriam achar uma solução constitucional. E foi essa a solução.

Portanto, Haiti, Peru e Guatemala foram três momentos, três situações diferentes. Na Guatemala houve uma solução constitucional, da qual participou, em diálogo com a missão da OEA, toda a sociedade guatemalteca. No Peru houve pressão, o presidente não renunciou, mas aceitou as condições e encaminhou o processo. E no caso do Haiti, que a OEA não conseguiu resolver, o problema foi resolvido pelas tropas americanas, não para assegurar democracia, mas para defender o litoral da Flórida, que estava sendo invadido pela fuga dos haitianos. Foram essas as três situações de aplicação da 1.080. Houve ainda outras situações em que a 1.080 não chegou a ser aplicada nas suas diferentes etapas, mas foi alegada. Serviu, por exemplo, como justificativa para a ação preventiva na Venezuela, em 1992, e na Argentina, em 1994. Na Argentina, Menem estava ameaçado, e houve uma reunião de apoio a ele. Na Venezuela, Carlos Andrés Perez estava ameaçado, e nós fomos lá. Curiosamente, quem o ameaçava era o coronel Hugo Chávez...

Novos documentos

A mudança de postura da OEA formalizada em 1991 pelo Compromisso de Santiago com a Democracia e pela Resolução 1.080 foi reforçada nos anos seguintes por novos documentos: assim, por exemplo, em 1992 foi assinado o Protocolo de Washington.

Sim. A Resolução 1.080 evoluiu até o Protocolo de Washington, que prevê algo impensável em uma organização internacional, que é a suspensão de um Estado. Nós temos na OEA a suspensão de governo — o governo de Cuba, por exemplo, foi suspenso das atividades da Organização. Mas o Protocolo prevê a suspensão de um Estado, nas seguintes condições: esgotado o processo da 1.080 sem decisão, força-se uma negociação, faz-se pressão maior com medidas de aplicação voluntária contra o país e, se não se chegar a uma decisão, o Estado é suspenso da OEA. Não vejo a possibilidade de se aplicar esse processo novo até o fim, mas é sempre uma arma de que a Organização dispõe.

Depois do Protocolo de Washington houve ainda a Cláusula Democrática do Mercosul,[70] que é um pouco conseqüência disso tudo. Mais recentemente, em 11 de setembro de 2001, foi aprovada a Carta Democrática Interamericana. No ano seguinte estive em Lima, na comemoração do primeiro aniversário da Carta. Eu e a ex-ministra das Relações Exteriores do México, Rosario Green, achávamos, contrariamente à posição do Pérez de Cuellar e do grupo que pensou e redigiu o documento, que a Carta Democrática Interamericana é uma declaração, não é mandatória, não é um tratado, não é um acordo, portanto, não é vinculante. O que o documento fez — e fez bem, não sou contra — foi tomar toda a experiência da OEA, sobretudo a da 1.080, juntar e amarrar. É um novo instrumento, mas não é um acordo. Eu concordava com a Rosário nos debates, quando ela perguntava: "Essa declaração passou pelo Legislativo do seu país? Não? Como ela é vinculante, se não foi aprovada pelo Legislativo de nenhum país?"

É claro que é bom que a Carta Democrática Interamericana exista, mas não com a interpretação que estavam dando. Fiquei debaixo de fogo, houve até um jornal que escreveu: "Padrinho de Fujimori se opõe à Carta". Levei cascudos, mas Rosário também levou, de modo que eu estava em boa companhia. Foi, eu acho, mais uma questão política. Era necessário para o Peru demonstrar a sua posição e, portanto, o Peru motivou, redigiu e cele-

---

[70] A chamada "cláusula democrática" foi institucionalizada pelo Protocolo de Ushuaia sobre o Compromisso Democrático no Mercosul (1998), cujo artigo 1º diz: "A plena vigência das instituições democráticas é condição essencial para o desenvolvimento dos processos de integração entre os Estados partes do presente Protocolo". Ver www.mre.gov.br.

brou essa Carta. Depois, reclamando com o chanceler do Uruguai, meu amigo Didier Opertti, que também é membro da Comissão de Direito Internacional, ele me disse: "Não reclama muito, não, fui eu que tive essa idéia..." Perguntei: "Mas que base você tem para dizer que o documento é vinculante?" Respondeu: "Ele decorre da Carta da OEA". Retruquei, e ele teve que aceitar que foi uma decisão política, não uma decisão jurídica. A Carta Democrática é um documento de síntese de tudo o que a OEA já fez. Não se opõe a nenhuma das outras disposições, nem da Carta da OEA, que é um tratado, nem da Resolução 1.080, que é uma decisão dos Estados, nem do Protocolo de Washington, que é uma reforma da Carta da OEA, mas esses são documentos vinculantes, e ela não é.

O senhor mencionou o Mercosul, mercado comum criado em 1991 por Brasil, Argentina, Uruguai e Paraguai. Mas durante seu período na OEA foi criado ainda o Nafta e foi proposta a Alca.[71] O senhor acompanhou esse processo?

Sim. O Nafta foi assinado na OEA a pedido dos mexicanos, que queriam dar um realce. Bush pai, que aliás era mais simpático do que Bush filho, esteve na OEA na ocasião. A OEA serviu de cenário, mas não teve nenhuma participação, nem na negociação, nem no mecanismo da criação. Em relação à Alca, antes de vir embora, no próprio ano de 1994, acompanhei também as primeiras conversas.

Ocorreu alguma mudança nos padrões de atuação do México e do Canadá dentro da OEA depois do Nafta?

Não. Durante o meu período não vi isso. Talvez eles tivessem tido a idéia de assinar o Nafta na OEA porque o Tratado do Canal do Panamá foi assinado lá. Quiseram o cenário para dar projeção. Mas não vi nenhuma modificação da atuação. Como já assinalei, a OEA é um organismo internacional, não é uma entidade fora dos países, não é um outro em relação aos países, é o conjunto dos países. A influência americana, hoje, é maior no Conselho de Segurança das Nações Unidas do que na OEA. Citei o exemplo da condenação da operação americana no Panamá, em que toda a OEA votou contra. Não acontece nada porque se está diante da potência hegemônica.

---

[71] O Nafta (North American Free Trade Agreement) unindo Estados Unidos, Canadá e México, teve sua origem em tratado assinado em 1992 e entrou em vigor em 1994. Nesse mesmo ano foi proposta a Alca (Área de Livre Comércio das Américas) ou FTAA (Free Trade Areas of the Americas), destinada a eliminar ou reduzir as barreiras comerciais entre todas as nações do continente americano, com exceção de Cuba. Ver http://en.wikipedia.org.

O fim da Guerra Fria e Cuba

O senhor viveu dois momentos distintos na OEA: o reaquecimento da Guerra Fria, nos anos 1980, e o fim da Guerra Fria, nos anos 1990. Houve alguma diferença na atuação da OEA nesses dois momentos?

Muito pouca, porque não se conseguiu resolver a questão que desde o começo eu queria resolver, que era a questão cubana. Saí em 1994, estava-se criando um novo clima, mas Cuba era um problema insuperável. Pode-se discutir tudo, menos o reingresso de Cuba na OEA.[72]

O senhor acha que Cuba deve reingressar na OEA?

Sempre achei. Aliás, o entendimento comum da situação de Cuba não é o correto, porque Cuba não foi expulsa da OEA, não há nos textos a figura da expulsão. O que aconteceu na Reunião de Consulta convocada pela Venezuela foi a suspensão do governo cubano das atividades da Organização. Isso parece não ter importância, mas tem, porque no momento em que Cuba puder regressar à OEA, será preciso apenas anular a suspensão. Se fosse expulsão, era a admissão de um novo membro. Mas o Estado cubano nunca deixou a OEA, a bandeira de Cuba está lá. Os meus orçamentos mencionavam Cuba. Os cubanos têm uma representação em Washington, que ocupa a antiga embaixada de Cuba na rua 16. Eles vinham à OEA. Não podiam participar de todas as sessões, mas vinham às sessões públicas, acompanhavam o Conselho Permanente e a Assembléia Geral. Sempre que pediam para me ver, eu os recebia. Até comentava com alguns embaixadores: "O caso é o seguinte: vejo os cubanos que vêm aqui falar comigo sobre a agenda da OEA, e eles sabem muito mais do que vocês, estão acompanhando muito mais de perto do que vocês, que estão todo dia aqui". Isso é para mostrar que havia interesse da parte deles. Havia um sentimento, ainda um pouco difuso, na direção, de aceitar a volta de Cuba. E havia, do outro lado, um impedimento rígido dos americanos.

Em que se baseia esse impedimento rígido dos americanos? Afinal, Cuba não é um concorrente econômico, ideologicamente não é mais uma ameaça...

Neste momento, o impedimento se baseia nos cubanos de Miami, que são uma força política que elegeu os dois irmãos Bush. A Flórida, não se esqueçam, foi o fator decisivo para a eleição do Bush, e lá é decisiva a partici-

---

[72] O governo cubano de Fidel Castro foi impedido de participar da OEA em 1962. Ver www.oas.org.

pação dos cubanos. Eles formam um grupo muito forte economicamente, financeiramente e politicamente. Determinam a vida política dos candidatos, pelo menos naquela área. Esse é o obstáculo maior. A meu ver, é um equívoco de visão muito grande achar que, no momento em que cair o governo de Fidel Castro, os cubanos de Miami vão ser o governo de Cuba. São pessoas que estão há mais de 30 anos afastadas, seus filhos e netos nem sabem como é Cuba, nunca estiveram lá. Esse é um erro de visão política que pode estar sendo cometido. Quando o processo cubano chegar à substituição de Fidel Castro, é de lá mesmo que vai sair o novo governo, com todas as tensões, atritos e conflitos que possam surgir.

Não se vai ter uma máfia, como na Rússia?

Acho que não. O que houve na Rússia não foi uma abertura, foi um escancaramento, e valeu tudo. A União Soviética se suicidou. Cuba é um pouco diferente, não vai se suicidar. Vai haver conflito, porque Fidel Castro não está encaminhando a sua sucessão. Raul é uma figura que pretende substituí-lo, tem a força militar, mas há novas gerações, com interesses e visão política, que de algum modo vão encontrar canais para se expressar.

Hoje a América Central, em comparação com o que foi dos anos 1960 até os anos 1980, é uma região de paz. Isso tem a ver com a ação da OEA?

Sem dúvida. Parte disso se deve à ação, não só da OEA, mas de outros organismos internacionais. É preciso não esquecer também que a América Central teve alguns momentos de cooperação. A América Central formava um Estado que depois se fragmentou, e eles sempre tiveram essa utopia da reconciliação, da criação de uma unidade centro-americana. Depois de todas essas crises, pela prevalência do processo democrático em todos os países, foi possível o diálogo que agora levou ao Sistema de Integração Econômica Centro-Americano.[73] Isso encaminhou os problemas econômicos e deu aos países da região a possibilidade de criar uma rede de interesses entre eles próprios, que serve de defesa. De outro lado, os interesses históricos dos americanos, tipo United Fruit, já foram superados pela dinâmica da vida na região. Não há mais a preocupação americana com ideologias ou com desvios na América Central, e tudo isso compõe o quadro. Não foi só a ação dos organismos internacionais que contou. É claro que, se ela não tivesse existido, talvez não tivéssemos chegado à solução a que se chegou. Nesse sentido, ela foi

---

[73] Após uma primeira tentativa de integração iniciada em 1960 e interrompida pela turbulência política, criou-se em 1991 o Sistema de Integração da América Central (Sica). Ver www.ciberamerica.org.

determinante. Mas há também uma outra realidade, que é a realidade dos próprios países, de se ajustar, de procurar criar situações que lhes dêem a possibilidade de defesa. A presença dos interesses americanos está mais diluída.

Na sua opinião, no período em que o senhor esteve na OEA, os Estados Unidos viam a América Central como o seu "quintal"?

Nós, não só a América Central, mas a América Latina, nunca fomos e continuamos não sendo uma prioridade na agenda dos americanos. Quando a América Latina e a América Central foram prioridades na agenda deles? Quando Arbenz ameaçou a United Fruit na Guatemala, quando Fidel Castro tomou conta de Cuba, quando os sandinistas apareceram na Nicarágua. Só aí é que nós subimos um pouco na ordem de prioridade dos americanos.

Hoje, por exemplo, temos aí a Alca, que é uma prioridade deles, não nossa. Eu estava na OEA no comecinho desse processo, assisti às primeiras reuniões, e o que me espantava era que se tratava de uma decisão unilateral dos americanos. Depois disseram que foram os mexicanos que deram a idéia. Os mexicanos estão condicionados pela geografia, não têm saída, como vão fazer com aquela fronteira enorme com os Estados Unidos, com aquele êxodo? Repito que a Alca foi uma decisão americana. Primeiro, o Bush pai lançou a chamada Iniciativa das Américas, como reação às dificuldades na América Central. Antes disso, tinha havido a Aliança para o Progresso, como reação à presença de Castro em Cuba. Como acabei de dizer, nós só somos prioritários quando ameaçamos algum interesse de algum setor americano. Fora disso, não.

Mas devo confessar também que o que me angustiava naquele tempo era que os americanos nos procurassem: "Estamos dispostos a conversar. O que quer a América Latina?" O maior problema era saber o que queria a América Latina, pois não havia um pensamento estratégico latino-americano que se pudesse levar a um diálogo. Como continua não havendo. Criticamos muito os americanos, mas também temos que nos criticar. Eu sempre levava esse tema para as conversas: "Precisamos ter um pensamento latino-americano no diálogo com os americanos". A OEA tem o privilégio de possibilitar o diálogo, é uma organização hemisférica. Nunca apoiei a tese da OEA sem os americanos, sempre defendi que eles estivessem dentro, para se poder conversar, negociar. O problema era que não havia, e não há, um pensamento latino-americano.

Deixando a OEA

Quando o senhor deixou a Secretaria Geral da OEA, em 1994, como foi a escolha do seu sucessor?

Havia dois candidatos mais importantes que chegaram ao final: César Gaviria, ex-presidente da Colômbia, e Berndt Niehaus, ministro do Exterior da Costa Rica. Foi uma assembléia dramática, porque o Niehaus achava que estava com a eleição assegurada, mas Gaviria também estava trabalhando e acabou ganhando, com uma vitória apertada. Dizem que o Equador mudou o voto em seu favor depois de se ter comprometido com o Niehaus. Quando acabou a apuração, Niehaus fez uma má-criação de que até hoje não esqueço. Fez um discurso violentíssimo, dizendo que aquela era a casa da traição, que fora apunhalado pelas costas, que os países não cumpriam sua palavra, levantou-se e saiu com toda a delegação.

Por que Gaviria foi eleito? Penso que a expectativa era de que, como ex-presidente, ex-chefe de Estado, ele pudesse dar uma dimensão maior à ação da OEA. Ao mesmo tempo se pretendia recuperar uma tradição, porque o colombiano anterior, Alberto Lleras Camargo, também havia sido chefe de Estado, o equatoriano Galo Plaza havia sido chefe de Estado. O resultado, cá entre nós, não foi o esperado. Gaviria mostrou-se um secretário-geral algo omisso. Como não seria ético fazer críticas ao meu sucessor, paro por aqui.

Gaviria teve o voto dos Estados Unidos?

Teve. E do Brasil também. Alguns países declaram seu voto, em geral fora, não no momento da eleição. Na minha eleição, como contei, o Schultz declarou o voto na assembléia, mas essa não é a regra geral. De qualquer maneira, com apenas 34 países votando, você sabe exatamente quem votou em quem.

Com o início da gestão de César Gaviria, a OEA se tornou bem menos presente no cenário americano.[74] Foi porque os conflitos se tornaram menores?

Não sei se eles se tornaram menores. A América Central está mais ou menos ajustada ao processo democrático, mas os conflitos estão aí fortes, basta ver Colômbia e Venezuela. Acho que a OEA se dirigiu mais para a construção da Alca, e menos para o enfrentamento dos problemas políticos. Vejam, por exemplo, o caso do conflito Peru-Equador em 1995, o caso do Paraguai no ano seguinte. No Paraguai, a OEA esteve presente, mas a solu-

---

[74] É importante lembrar que esta entrevista foi feita em 2003. Na ocasião, César Gaviria ainda era o secretário-geral da OEA. Seu sucessor, eleito em junho de 2004, foi Miguel Angel Rodriguez Echeverría, da Costa Rica, que assumiu em setembro mas renunciou um mês depois. O secretário-adjunto Luigi Einaudi, americano, assumiu então interinamente a Secretaria Geral até maio de 2005, quando tomou posse o novo secretário eleito, o chileno José Miguel Insulza. Ver www.oas.org.

ção foi dada pelos países-membros do Mercosul e pelos Estados Unidos.[75] O conflito Peru e Equador foi solucionado aqui no Brasil, com a assinatura de um acordo.[76] Gaviria quis participar, mas não foi aceito, nem pelo Peru — era o Fujimori — nem pelo Equador. Essas situações vão restringindo a ação da OEA. As coisas mudaram, mas os problemas estão aí. Com outra roupa, mas os mesmos de antigamente.

A baixa atividade da OEA na gestão de Gaviria teria sido uma reação a uma superatividade na sua gestão?

Pode ser. Mas pode ser também resultado da própria personalidade dele. Gaviria foi presidente de um país. Do ponto de vista da imagem, o secretário-geral ter sido chefe de Estado é bom. Mas do ponto de vista da efetividade não é, porque, como presidente, ele assumiu compromissos políticos que podem inibir sua ação. Eu não tinha compromisso com ninguém. E o Brasil nunca me cobrou nada. Pude fazer algumas coisas que causaram impacto. Pude aplicar a Resolução 1.080 no Haiti, pela primeira vez, pude empurrar as reformas da Carta... Quem faz as reformas são os países, é claro, mas pude tomar essas iniciativas porque não tinha compromisso com ninguém.

Logo que assumiu o posto de embaixador americano na OEA, por exemplo, McCormack me chamou para um encontro em seu gabinete no Departamento de Estado. Mandei minha secretária dizer que eu não ia. Ela perguntou: "Digo que o senhor está doente?" Respondi: "Não, diga que eu não vou". Aí começou o pessoal do "deixa disso", veio o subsecretário de administração, que era americano, perguntar o que estava acontecendo... Eu disse: "Está acontecendo que eu sou secretário-geral de 34 países. Vou à sede das missões, vou à residência dos embaixadores em manifestações sociais, mas não vou às chancelarias conversar com eles. Por que é que eu iria ao Departamento de Estado conversar com o embaixador americano?" As coisas foram evoluindo, até que o próprio emissário que estava pacificando veio me dizer: "Ele está convidando você para almoçar no Departamento de Estado". Respondi: "Ah, isso é outra coisa. A comida é péssima, mas vou lá". Passei duas

---

[75] Referência à frustrada tentativa de golpe comandada em 1996 pelo general Lino Oviedo contra o governo de Juan Carlos Wasmosy, o primeiro presidente civil eleito no Paraguai em 39 anos. A interferência dos países do Mercosul no sentido da manutenção da democracia no país motivou a aprovação da chamada "cláusula democrática" do Mercosul. Ver verbete *History of Paraguay* em http://en.wikipedia.org.
[76] O conflito entre Peru e Equador teve início em 1960, quando o Equador declarou nulo o Protocolo de Paz e Limites do Rio de Janeiro, assinado em 1942. Em fevereiro de 1995, por iniciativa do Brasil, foi assinada a Declaração de Paz do Itamaraty, que iniciou a pacificação e a aproximação entre os dois países, consumada com a assinatura do Acordo de Paz de Brasília, em 26 de outubro de 1998.

horas nesse almoço, e a uma certa altura o McCormack disse: "Estou chegando e vi que há muitas queixas contra o senhor no Departamento de Estado". Eu: "Diga. Quais?" Ele: "O senhor não responde às notas que nós passamos!" Eu: "Algumas delas, claro que não respondo. Nem vou responder. É que o senhor não tem a prática da diplomacia. Quando o senhor me manda uma nota pedindo emprego para um cidadão americano, eu não posso responder a uma nota dessas. O senhor precisa saber que as práticas da diplomacia são diferentes no bilateral e no multilateral. Eu, aqui, não estou representando nenhum país, nem o meu. Estou representando 34 países, inclusive o seu. Também vou lhe dizer o seguinte: não estou aqui porque preciso de emprego, estou aqui porque acredito que posso contribuir. Se não puder fazer o que penso que devo fazer, vou-me embora, porque tenho uma carreira atrás de mim".

Como isso foi recebido?

Tivemos um relacionamento correto, mas depois, na época da minha segunda candidatura, ele fez aquela viagem que já contei, dizendo que eu não tinha condições de me recandidatar. Depois do McCormack veio como embaixador americano o Luigi Einaudi, que era uma pessoa que compreendia as coisas e com quem conversei muito melhor. Não é possível as pessoas saírem por aí atropelando, não é? Essa minha resposta, de que não iria ao Departamento de Estado, foi um escândalo. Imagina, o secretário-geral dizer que não vai se encontrar com o embaixador americano! Almoçar, tudo bem, e durante o almoço pode-se conversar. Eu também tinha interesse em dizer algumas coisas ao McCormack, para posicionar a ele e a mim no diálogo. Foi bom. Mas depois veio a resposta.

Voltando à sua pergunta: a pessoa ainda é muito importante na diplomacia. E isso afeta a efetividade dos organismos internacionais. Com Gaviria como secretário-geral, talvez por temperamento, talvez por constrangimento decorrente de compromissos políticos passados ou atuais, o fato é que as coisas na OEA ficaram mais devagar.

Capítulo 4

POR UM MUNDO MAIS SEGURO

Funag, universidade e direito internacional

Quais foram suas primeiras atividades depois que o senhor deixou a OEA?

Quando cheguei ao Brasil, fui presidir a Fundação Alexandre de Gusmão, a Funag, sucedendo ao embaixador Gelson Fonseca. Gostei dessa atividade. A Funag é o braço acadêmico do Itamaraty. O Itamaraty não pode fazer algumas coisas, não pode estimular algumas pesquisas, mas a Funag pode. Organizaram-se, por exemplo, grandes seminários, sobre relações com a África do Sul, com a China, com os Estados Unidos, Alca, União Européia. Nada disso se pode fazer como chancelaria, mas como fundação, sim. Também se podem publicar livros: as teses do Curso de Altos Estudos do Instituto Rio Branco são publicadas pela Funag. A definição mais sintética que posso dar é esta: a Funag é o braço acadêmico da chancelaria. Outro aspecto importante é que ela não vive só de orçamento, vive dos convênios que faz, porque pode receber contribuições para a pesquisa, para publicações e para essa atividade de seminários e palestras.

A Funag administra, no Rio, o Museu Diplomático do Itamaraty, a Biblioteca, o Arquivo Histórico e a Mapoteca, de onde, aliás, pouco tempo atrás foram roubadas várias peças.[77] Este país não tem memória, não gosta de memória... A propósito, vou contar um episódio. Quando presidente da Funag, um dia fui visitar o Arquivo Histórico do Itamaraty, que tem coisas admiráveis, e vi que no meio de uma sala havia um fogareiro. Chamei o funcionário e disse:

---

[77] Em outubro de 2003, o Instituto do Patrimônio Histórico e Artístico Nacional (Iphan) divulgou pela imprensa uma relação de obras desaparecidas do Museu Histórico e Diplomático do Itamaraty, em especial da Mapoteca. O material — fotografias do Rio antigo, mapas e gravuras datadas dos séculos XVI, XVII e XVIII — faz parte do acervo do Ministério das Relações Exteriores e foi furtado entre abril e junho de 2003.

"Que negócio é esse, um fogareiro aqui no meio?" Ele respondeu: "Era para esquentar marmita, mas não se usa mais". Eu disse: "Mais uma razão para não estar aqui". Imagina, um fogareiro! Nós não damos atenção a essas coisas. No capítulo segurança, há um procedimento formal de apresentar a carteira de identidade na entrada das instituições, mas e o controle na saída? Espero que tenham acordado para isso. Aqui no Rio, isso era a Funag. Tínhamos também uma representação em São Paulo, ocupávamos algumas salas no Memorial da América Latina.

O Centro Brasileiro de Relações Internacionais, que foi fundado no Rio de Janeiro em 1998, e do qual o senhor é conselheiro, tem a ver com a Funag?

Não. Participei desde o início dos debates sobre o estatuto do Cebri, e a idéia era termos um centro semelhante ao Cari (Consejo Argentino para las Relaciones Internacionales), um centro de reflexão mantido pelo setor privado. A atividade do Cebri é sobretudo de pesquisa. Também se organizam muitas palestras: quando vem uma personalidade estrangeira, é um lugar fora do Itamaraty para a pessoa falar.

Ao voltar para o Brasil, o senhor também se tornou professor universitário. Como foi isso?

Logo depois que voltei, pedi minha aposentadoria, pois considerei que minha carreira diplomática estava encerrada. Resolvi então aceitar os convites que recebi para dar aulas, no IRI (Instituto de Relações Internacionais) da PUC, na Universidade Cândido Mendes e na Universidade Estácio de Sá. Isso me agradou muitíssimo. Houve um momento em que deixei a PUC e fiquei só na Cândido Mendes e na Estácio. Depois, dentro da Estácio, fui convidado a assumir postos de direção, primeiro como chanceler — que é aquele que cuida da imagem externa da instituição, é o seu representante —, depois como presidente da mantenedora da universidade. O ruim é que hoje não dou mais aula, coisa de que eu gostava muito. Agora só faço palestras, não tenho mais aquele contato diário com os alunos.

Além disso, o senhor também é membro da Comissão de Direito Internacional da ONU.

Sim. E também já presidi a Comissão. Os membros são eleitos para mandatos de cinco anos, e estou no segundo mandato. Nós nos reunimos anualmente em Genebra por três meses, em duas etapas, preparamos textos sobre temas diversos e os encaminhamos à Assembléia Geral das Nações Unidas, que os aceita ou não. O inventário dos trabalhos realizados pela CDI inclui, entre outras coisas, o estatuto do Tribunal Penal Internacional, os artigos sobre a Responsabilidade Internacional dos Estados, toda a série das Convenções de Viena, sobre Relações Diplomáticas, Relações Consulares, Sucessão dos Estados... Para nós, brasileiros, Sucessão dos Estados é um tema que não emociona muito, mas para a Europa é um problema sério, porque envolve a questão da nacionalidade, e algumas vezes criam-se situações em que o nacional não sabe a que Estado pertence. Com a dissolução da União Soviética, por exemplo, esse problema se acentuou. A Iugoslávia também tem esse problema. Já há um texto regulador definido pela CDI que está em poder dos Estados. Aliás, os textos da CDI são todos acessíveis ao público, estão num *site* na internet.[78]

Atualmente estamos discutindo outros temas quentes, como águas, recursos naturais transfronteiriços subterrâneos. Tratamos também da proteção diplomática, até no caso dos acionistas de uma empresa: têm eles ou não direito à proteção diplomática? Discutimos a responsabilidade internacional dos organismos internacionais — só os governamentais, nos não-governamentais não estamos entrando. Isso completa o trabalho que fizemos sobre a Responsabilidade Internacional dos Estados. Temos, ainda, os atos unilaterais dos Estados, tema muito polêmico; a reserva dos tratados, outro problema sério. Tentamos consolidar um guia para os Estados: o que é reserva, quando se faz a reserva, quando se retira a reserva. É um estudo muito minucioso.

Há um trabalho que não faz parte propriamente da missão da CDI — que é a de garantir a consolidação e o desenvolvimento progressivo do direito internacional —, mas que achamos interessante fazer. Constatamos que o direito internacional está sendo ameaçado pela fragmentação e transformamos isso em tema de trabalho. Há muitas conferências das Nações Unidas que criam códigos, declarações, sobre meio ambiente, família, proteção da criança, condição da mulher — houve umas seis ou sete conferências temáticas que produziram documentos desse tipo. Há também os organismos, como a Comissão de Direitos Humanos, que criam a sua própria legislação. Estamos tentando estudar isso e colocar a CDI como o centro de toda essa movimentação. Mas enquanto trabalhamos desse lado e alcançamos resultados, o direito internacional é sabotado do outro...

Que formato têm os textos produzidos pela CDI? São relatórios, projetos, declarações?

Este é justamente o grande motivo de discordância dentro da Comissão: a tendência dos países mais poderosos é fazer só declarações, enquanto a nossa tendência — inclusive eu sou muito rígido nisso, mas fui voto

---

[78] Sobre a Comissão de Direito Internacional da ONU, suas convenções e textos, ver www.un.org/law/ilc.

vencido — é fazer projetos de acordo, convenções, direito positivo. O argumento dos que preferem a declaração é que ela tem uma abrangência maior, enquanto o acordo ou a convenção restringiria a participação dos Estados. Acontece que uma declaração não é vinculante, pode-se segui-la ou não. Isso reflete o drama do direito internacional neste momento, que opõe o direito como nós entendemos e o direito como entendem os defensores do *common law*. Eles insistem, e cada vez avançam mais, na definição do direito internacional como um instrumento de *soft law*, ou *droit mou* em francês. Querem apenas declarações, seja das Nações Unidas, seja de presidentes ou de ministros das Relações Exteriores. Isso ganhou impulso porque a Corte de Haia, atendendo a uma demanda que lhe foi feita, aceitou que a declaração de um chefe de Estado, ou de um chefe de governo, ou de um ministro das Relações Exteriores, forma direito, ou seja, que o país fica vinculado por ela. Eles dão o exemplo da Declaração Universal dos Direitos Humanos, mas esta é uma declaração que gerou outros textos, e hoje temos todo um arcabouço jurídico de convenções e acordos sobre direitos humanos. Não temos mais só a Declaração. Este é um debate que ocorre não só dentro da CDI, mas entre os juristas do mundo inteiro.

Paz e segurança: ameaças, desafios e mudanças

O senhor participou de uma comissão de alto nível designada pela ONU que produziu e apresentou, no final de 2004, o relatório *Um mundo mais seguro: nossa responsabilidade comum*. Como surgiu a idéia dessa comissão?[79]

O secretário-geral da ONU, Kofi Annan, dispunha de um relatório sobre as metas do milênio a ser apreciado em setembro de 2004 na Assembléia Geral da ONU e também numa reunião de chefes de Estado e de governo. Dispunha ainda de um outro documento sobre financiamento para o desenvolvimento. Teve então a idéia de criar essa comissão de alto nível para tratar de uma outra vertente das Nações Unidas, voltada especialmente para as questões de paz e segurança. Na carta-convite que enviou aos membros da comissão, declarava que nossa tarefa tinha três aspectos: identificar as ameaças, os desafios e, em conseqüência, as mudanças que se fizessem necessárias para assegurar a paz entre os países das Nações Unidas.

---

[79] Esta parte da entrevista, sobre o Painel de Alto Nível das Nações Unidas sobre Ameaças, Desafios e Mudanças, foi feita em 25 de janeiro de 2005. Para mais informações sobre o Painel e para a íntegra do documento *A More Secure World: our shared responsibility*, ver www.un.org/secureworld/report. Ver também João Clemente Baena Soares, As Nações Unidas diante das ameaças, dos desafios, das mudanças, em Cebri, *Dossiê*, vol. 1, ano 4, 2005 em www.cebri.org.br.

Como foi composta a comissão?

Kofi Annan escolheu pessoalmente 16 pessoas sem vinculação de governo — é claro que um secretário-geral não faz isso sem consultar os países, mas de toda forma a escolha teve esse caráter pessoal. Tínhamos experiências diversificadas nos planos regionais e nacionais, e outro detalhe é que nenhum de nós tinha suplente. Para presidir a comissão foi escolhido Anand Panyarachun, ex-primeiro-ministro da Tailândia.

Como transcorreram os trabalhos?

Tivemos uma primeira reunião em dezembro de 2003 em Nova York, e depois nosso calendário exigiu encontros a cada dois meses em diferentes cidades. Procuramos ir a cidades onde houvesse algum organismo das Nações Unidas. Assim, depois de Nova York, estivemos em Genebra, Adis Abeba, Viena, vários lugares. A não ser no último encontro, também em Nova York, as reuniões foram no estilo "retiro jesuítico": ficávamos confinados um fim de semana num hotel ou numa universidade, e além de fazermos reuniões de trabalho quase permanentes, estávamos sempre juntos durante as refeições. Havia ainda reuniões convocadas pelos governos nacionais ou organizadas por ONGs e universidades no mundo todo. Fomos a todos os continentes.

Os temas eram diversos, e os enfoques também eram distintos. Houve uma reunião em Genebra, promovida pelo governo suíço, apenas sobre o artigo 51 da Carta das Nações Unidas; houve uma em Varsóvia, promovida pelo governo polonês, sobre segurança regional; houve uma em Kyoto, sobre segurança humana, e uma na China, sobre problemas regionais de segurança. Cada um desses encontros trazia uma contribuição importante para o nosso trabalho. Na reunião da China havia mais de 50 pessoas de todos os países da área, entre acadêmicos, diplomatas, jornalistas, especialistas. Ou seja, não eram reuniões meramente retóricas ou sociais. Havia uma substância muito grande. Freqüentemente também recebíamos a contribuição dos próprios governos, que mandavam documentos, opiniões.

Qual foi a metodologia de trabalho?

Kofi Annan contratou um professor da Universidade de Stanford, Stephen Stedman, para ser pesquisador e também redator do documento. Esse professor tinha uma equipe de assistentes imediatos e mobilizava mais 50 pessoas no mundo inteiro. O que ele fazia? Facilitava o trabalho. Centralizava a agenda e a cada reunião nos mandava antecipadamente um documento sobre o tema a ser tratado. Isso permitia que preparássemos documentos, alguns deles enviados com antecedência aos demais membros da comissão. A reunião era muito viva, pois tínhamos que discutir as questões sem demorar muito. O tempo era curto.

Qual era o prazo?

A primeira idéia era entregarmos o documento em agosto de 2004, mas conseguimos passar o prazo para dezembro. Mesmo assim, um ano para fazer esse trabalho foi um grande esforço. A presença do professor Stedman com sua equipe facilitou, mas também trouxe alguns problemas, porque sua visão era acadêmica, e a nossa era essencialmente política. Houve alguns desacertos, os debates eram muito francos, muito diretos, e as divergências eram trazidas à mesa. Stedman participava das reuniões com direito a voz, mas não a voto.

Como era o processo de tomada de decisões?

As grandes decisões foram todas tomadas por consenso, como de hábito na ONU, e eu não achava isso bom. Julgo que o voto é muito mais democrático. Mas na primeira reunião o presidente disse: "Gostaria que todos concordassem com a minha proposta de que nossas decisões sejam tomadas por consenso. Não me agradaria ver decisões por voto, porque isso produz necessariamente um relatório da maioria e um relatório da minoria. E eu gostaria que tivéssemos um só relatório". Isso produziu, por outro lado, um debate muito mais enérgico, bem como negociações paralelas.

Como foi organizado o relatório final?

A primeira parte é descritiva e tem um alto conteúdo acadêmico. Depois vêm as ameaças históricas e as ameaças possíveis à paz e à segurança, os desafios delas decorrentes e as medidas necessárias para enfrentá-los. Classificamos as ameaças da seguinte forma: número um, pobreza, doenças e degradação ambiental. Aqui houve um avanço extraordinário. Registrar num documento desse tipo a pobreza como ameaça à paz e à segurança internacionais foi um passo muito importante. Embora essa idéia estivesse no sentimento geral dos países-membros, nunca esteve tão claramente presente num documento das Nações Unidas. Apontamos ainda como ameaças os conflitos entre os Estados e dentro dos Estados, as armas de destruição em massa — nucleares, biológicas, químicas, radiológicas — e o terrorismo. Pela primeira vez se conseguiu chegar a uma definição de terrorismo no âmbito da ONU. Outra novidade foi a inclusão do crime organizado como ameaça à paz e à segurança internacionais.

Esses são os itens que consideramos ameaças. Os desafios têm a ver com a segurança coletiva, com a maneira de trabalhar para reconstruir aqueles países que foram vítimas de guerra civil, genocídio etc. Na parte final do relatório vêm as propostas de mudanças na Assembléia Geral, no Conselho de Segurança, nos organismos regionais, no Ecosoc, o Conselho Econômico e Social, no Secretariado e na própria Carta das Nações Unidas. Quem tiver interesse jornalístico vai se concentrar na reforma do Conselho de Segurança, que é o tema mais quente no momento, mas, ao fazê-lo, vai perder muitas coisas novas que estão no documento.

Com relação à ameaça representada pela degradação ambiental, a comissão abordou a questão da floresta amazônica?

Não especificamente. Apontou a degradação ambiental em geral como ameaça à paz e à segurança, assim como as doenças endêmicas e as epidemias. Os nacionais africanos que participaram das reuniões foram muito enfáticos a esse respeito. Há países na África que estão se desfazendo por causa de enfermidades.

Com relação ao crime organizado, discutiu-se a sua relação com o sistema financeiro internacional?

Há uma menção, mas eu queria que tivesse havido um debate mais aceso. Sempre defendi a tese de que, em matéria de narcotráfico, temos que ir ao sistema financeiro. Mas o tema não teve ressonância. Foi completamente ignorado.

Na sua opinião, qual foi a motivação mais profunda para a formação dessa comissão?

Na minha opinião, a motivação foram os atos unilaterais dos Estados Unidos, sobretudo a invasão do Iraque, em março de 2003. Pode haver contestação a essa opinião, mas estou convencido de que está correta. Todo o exercício das Nações Unidas se dirige para valorizar a solução multilateral para os problemas de paz e segurança. E esse exercício, logo depois da guerra do Iraque, ficou enfraquecido. Ainda que o secretário-geral tivesse cuidadosamente evitado as palavras multilateralismo e unilateralismo, foi disso que tratamos na comissão.

Falava-se claramente na guerra do Iraque?

Falou-se dela apenas lateralmente. Não havia um item Iraque. O americano, Brent Scowcroft, tinha posições muito definidas e não acompanhava necessariamente as posições do governo Bush. O inglês, David Hannay, tampouco, embora nas grandes teses, nos grandes temas, eles divergissem.

Divergências e alianças

O relatório *Um mundo mais seguro* reflete a influência de algum grupo em especial dentro da comissão?

O relatório, admito, sofre um pouco da influência do Norte, da influência anglo-saxônica. Não leva em conta, em todos os itens, uma visão do Sul, como seria do nosso interesse. Fizemos muitas propostas e esforços para diminuir essa presença do Norte, mas não conseguimos. O relatório também está mais longo do que queríamos, mas isso foi inevitável. Não havia mais o que cortar. Uma das limitações do relatório é que não se toca, por exemplo, nas instituições de Bretton Woods.[80] Os países do Norte não quiseram tocar no assunto, e o argumento que usaram foi que o tema já estava considerado no documento sobre financiamento para o desenvolvimento, que aliás não conheço.

O senhor se distanciou do consenso em algum tema?

Sim. Isso aconteceu quando tratamos da questão nuclear. Eu estava diante da impossibilidade de aceitar o que era proposto e apresentei uma proposta alternativa que não foi aceita. Eu tinha dois caminhos: ou impedia a conclusão do documento ou aceitava o todo. Havia no documento muitos pontos, muitas sugestões que interessavam ao Brasil, e eu não queria ser responsável por um naufrágio no último momento. Minha decisão, então, foi declarar ao presidente e aos meus colegas que aceitava o relatório, mas que ia mandar uma carta ao secretário-geral definindo a minha posição. Achava que seria a maneira mais correta, pois não queria prejudicar o trabalho de um ano.

O ponto do qual eu discordava era o seguinte: no capítulo das armas de destruição em massa, há uma proposta para que países não-nucleares, mas que dispõem de instalações para o enriquecimento ou processamento de urânio em funcionamento, em construção ou projetadas, adiram a uma moratória de dez, 15 anos, e procurem o combustível de que necessitam, a preço de mercado, numa das cinco ou seis empresas do mundo que fornecem o produto. Eu me opus a isso porque achava que não era uma questão de segurança. Os países que têm essas instalações, que estão sob salvaguardas e que cumprem todas as obrigações do TNP não podem ser impedidos de desenvolver sua própria tecnologia e utilizá-la para o enriquecimento do seu próprio minério. Eu via nisso não uma maneira de impedir ou dificultar a proliferação nuclear, mas interesse comercial. Tomemos o caso do Brasil: temos tecnologia própria, minério, estamos sob a salvaguarda da Agência Internacional de Energia Atômica, em Viena, e seríamos impedidos de prosseguir com nosso trabalho. Passaríamos a exportar o urânio,

---

[80] Ou seja, Fundo Monetário Internacional e Banco Mundial.

que seria enriquecido lá fora, e compraríamos nosso próprio produto em condições comerciais muito negativas.

Como o Paquistão se colocou diante desse ponto?

O Paquistão e a Índia tinham representantes na comissão, mas não participaram desse debate porque não são membros do TNP e já são potências nucleares. A restrição se aplicava àqueles que não são potências militarmente nucleares e estão realmente trabalhando para fins pacíficos. No relatório consta, com certa retórica, que os países não renunciavam ao seu direito de enriquecer o urânio, mas aceitavam uma moratória de dez a 15 anos. Durante esse período, interromperiam suas atividades e teriam o suprimento de combustível garantido. Como é que a Agência Internacional de Energia Atômica pode garantir o suprimento de combustível por empresas comerciais que não estão vinculadas a ela? Relutei em aceitar, mas não tive apoio. Na comissão havia países que já eram potências nucleares e outros que estão dentro do TNP, mas que não têm os mesmos problemas de energia que o Brasil tem, nem o mesmo avanço tecnológico.

Minha ação na comissão teve três preocupações maiores: uso da força, questão nuclear e Conselho de Segurança. O texto sobre o uso da força mudou muito desde a primeira versão até a que ficou no relatório final. Em matéria nuclear, fui perdedor. Mas no caso do Conselho de Segurança, Enrique Iglesias[81] e eu registramos nossa divergência, e o relatório terminou com duas propostas: a primeira, defendida por nós, propõe seis novos membros permanentes, sem direito a veto, mas com voz e voto, e três novos membros eletivos com mandato de dois anos; a segunda propõe oito novos membros eletivos com mandato de quatro anos e mais um com mandato de dois anos. Os membros eletivos com mandato de quatro anos poderiam ser reeleitos, e isso poderia configurar uma situação de semipermanência. O que há de comum nas duas propostas é que em ambas o número total de membros do Conselho sobe dos 15 de hoje para 24.[82]

---

[81] O uruguaio Enrique Iglesias, além de membro do Painel de Alto Nível das Nações Unidas sobre Ameaças, Desafios e Mudanças, era na época presidente do Banco Interamericano de Desenvolvimento (BID) (1988 a 2005). Ver www.iadb.org.

[82] Apenas para lembrar, o Conselho de Segurança da ONU tem hoje 15 membros, cinco deles permanentes (Estados Unidos, Reino Unido, França, Rússia e China) e dez eleitos pela Assembléia Geral para um mandato de dois anos. Cada membro do Conselho tem um voto. As decisões sobre questões de procedimentos são tomadas pelo voto afirmativo de nove dos 15 membros, e as decisões sobre todas as demais questões, pelo voto afirmativo de nove membros, inclusive os cinco membros permanentes. Esta é a regra do "grande poder da unanimidade", freqüentemente chamada de "poder de veto". Ver www.un.org.

Além disso, houve uma proposta de rearrumação dos grupos regionais, com a criação de um grupo chamado Américas em substituição ao grupo América Latina e Caribe. O que significava isso na prática? Significava que Estados Unidos e Canadá passavam a fazer parte do nosso grupo. Não entrei em debate em relação aos outros grupos, mas neste caso interferi e me posicionei contra a proposta, naturalmente. Queríamos que se mantivesse o grupo latino-americano. Eu me lembro que quando o Brent Scowcroft me perguntou por que eu resistia tanto à criação do grupo Américas, respondi: "Porque não quero nem você nem o Canadá na minha casa". Ele sorriu. Isso pode ser engraçado, mas a realidade é que não podemos aceitar que o Canadá venha a disputar com países da América Latina e do Caribe um lugar no Conselho de Segurança, seja permanente, seja eletivo. Iglesias e eu registramos os nossos protestos e no relatório sugerimos que os grupos ficassem como estão. Na última reunião, depois da nossa reação, a paquistanesa Nafis Sadik também percebeu que a Austrália passava a concorrer com ela no mesmo grupo regional que ia ser formado. Acordou tarde demais. Creio, pela minha experiência, que esse ponto do relatório vai ser diluído ou rejeitado.

Apesar das divergências, com essas propostas de ampliação o Conselho de Segurança sai fortalecido?

Muito. O Conselho de Segurança passa a ser realmente o centro de decisão e de ação no que se refere a temas de paz e segurança compreendidos de uma maneira ampla. Daí a conclusão de que mais do que nunca é importante que um país como o Brasil esteja lá. O Conselho pode se envolver em muitas coisas: catástrofes, reconstrução de um país, conflitos entre Estados, guerra civil. As responsabilidades ampliaram muito a ação do Conselho.

Nas discussões sobre o Conselho de Segurança, debateu-se o veto?

Claro. Para dar o tom dos debates, houve um momento em que Primakov, o russo, disse a frase final e definitiva: "Se tocarmos no veto, não há Nações Unidas". É uma realidade que ainda não pôde ser superada.

Ou seja, mesmo com todas as reformas o poder de veto deverá continuar com os mesmos países.

Sim, os mesmos países de 1945, e aí há um desequilíbrio tremendo, porque três países europeus têm poder de veto. Mas pensar em um único país europeu representando a União Européia não é praticável. No momento atual, o veto é pouco utilizado porque os países-membros do Conselho de Segurança examinam os assuntos antes, de forma a não ser necessário usá-lo. Também há uma sugestão da comissão, originariamente do senador Robert

Badinter, francês, para que o Conselho use a votação indicativa. Hoje, em casos de discordância, os países se reúnem e, fora dos olhares da opinião pública, resolvem suas diferenças. A proposta é que façam isso numa sessão aberta, que não obrigue a decisões, mas em que haja voto indicativo, o que gerará um certo constrangimento. Enfim, o que se pode fazer com o veto é limitar seu uso, restringi-lo. Não vejo como eliminá-lo, nem agora, nem num futuro previsível — a revisão que estamos propondo é para daqui a 20 anos.

Compreendo que, quando somos membros fundadores de um clube, tenhamos alguns privilégios e não queiramos que um sujeito recém-chegado tenha as mesmas prerrogativas que nós. Vou dar um exemplo colhido na reunião realizada na China, de que participaram 50 pessoas, entre diplomatas, acadêmicos, jornalistas e especialistas de muitos países. Quando se chegou à questão do Conselho de Segurança, o embaixador que tinha sido representante da China no Conselho, então aposentado, disse o seguinte, referindo-se ao Japão: "Não posso compreender como um país que matou chineses, que foi cruel com as nossas populações, que ocupou o nosso território, que destruiu as nossas cidades, possa ter o mesmo privilégio que nós temos". Creio que essa questão da hierarquia é muito difícil. É possível que se aceite a criação dos seis membros permanentes, porque a pressão vai ser muito grande. Mas a reforma do processo decisório do Conselho é muito difícil. Isso ficou claro para mim nessa intervenção do embaixador chinês aposentado. É bom lembrar que um embaixador aposentado na China não é a mesma coisa que no Brasil. O embaixador aposentado no Brasil pode dizer as maiores bobagens que ninguém vai policiá-lo. Na China é diferente. Minha conclusão é que ele resumiu o sentimento da esfera governamental. Também só para lembrar, em 1945 nós nos opusemos ao veto, por considerá-lo um privilégio. O delegado do Brasil era Carlos Martins.

A comissão também propôs mudanças no Ecosoc. Qual era o sentido delas?

Nossa idéia original, estimulada por Enrique Iglesias, era recuperar o Ecosoc como um foro político de debates. Antigamente, os ministros do Planejamento, os ministros da Fazenda, iam à reunião do Ecosoc, mas acabaram deixando de ir, porque os temas não estavam no nível de ministro, e os temas passaram a não estar no nível de ministro porque os ministros não iam. Neste momento, o Ecosoc é mais um corpo eleitoral do que um corpo de debate político sobre problemas econômicos e sociais.

E quanto às mudanças na Carta das Nações Unidas?

Propusemos reformas para acabar com certas incongruências. Por exemplo, propusemos a eliminação dos artigos 53 e 107, que falam de "Estados inimigos". Ora, todos os "Estados inimigos" estão dentro da ONU, e um deles, o Japão, é o segundo maior contribuinte da Organização. Propusemos acabar com o Conselho de Tutela, cuja missão está cumprida há muito tempo, e eliminar o Estado-Maior Conjunto Militar, que nunca funcionou. O curioso é que, no início dos nossos trabalhos, propor mudanças na Carta era algo impensável. Quando tocávamos no assunto, a grande maioria dizia: "Não vamos tocar na Carta, porque temos que aproveitar suas potencialidades ainda não esgotadas". Partimos desse ponto e acabamos com muitas sugestões de reforma.

Embora tenha sido convidado pessoalmente, o senhor consultava o Itamaraty sobre como se posicionar diante das questões em debate?

Não, mas também não estava falando nem agindo sozinho, da mesma forma como ninguém na comissão estava. O inglês, David Hannay, tinha toda uma estrutura de apoio. O australiano, Gareth Evans, tinha uma ONG atrás dele. O chinês, Qian Qiqian, sempre chegava com uma delegação. Ninguém estava solto, nem podia estar. Minha prática foi sempre conversar no Itamaraty quando regressava das reuniões. E todos os outros faziam a mesma coisa, alguns com mais intimidade, outros com mais dificuldade, porque eram da oposição ao governo dos seus países. Sempre me considerei apoiado pelo governo brasileiro e em diálogo com o chanceler. E acho que a minha não foi uma situação isolada. Não posso imaginar, por exemplo, que a senhora Gro Brundtland, ex-primeira-ministra da Noruega, não conversasse com seus colegas sobre o que estava fazendo. O general indiano, Satish Nambiar, tinha a seu lado uma organização em que participava. Não havia pára-quedistas, não havia pessoas isoladas.

Quem foram seus principais aliados nos trabalhos da comissão?

Havia aliados de momento. Na questão nuclear, meu aliado era até certo ponto o egípcio, Amre Moussa. Na questão do Conselho de Segurança, os maiores aliados eram o indiano e o Iglesias. Na questão do uso da força, houve muitos aliados, sobretudo de países do Sul. Para se ter uma idéia de como o debate evoluiu, no início, quando se falava em terrorismo, sempre se usava a expressão "terrorismo islâmico" — umas das distorções acadêmicas da comissão. Houve uma reação muito violenta do egípcio, da paquistanesa e de outros.

Segurança coletiva e uso da força

A ONU vem sendo muito questionada em suas funções. O relatório *Um mundo mais seguro* visa a valorizá-la?

Esse é o objetivo. A começar pelo título, o melhor que se encontrou. As idéias do relatório visam a revigorar e fortalecer o processo decisório coletivo. Mas haverá muitas resistências, porque, como mostram os acontecimentos recentes, são muito fortes as idéias de exercício unilateral do poder. A decisão coletiva é fundamental para se poder enfrentar todos os desafios novos, atender a todas as situações, não só guerras entre Estados ou guerras civis. A segurança vai além disso, e só se pode dar uma resposta efetiva às ameaças que ela sofre de forma coletiva.

Os temas da segurança e da proteção humanas têm uma presença muito forte nas propostas do relatório, não?

Sim. Na nossa proposta a grande preocupação é a pessoa, não apenas dentro do arcabouço de defesa dos direitos humanos, mas em todos os momentos. Entendemos o Estado como uma entidade que deve atuar em benefício da pessoa, e por isso consideramos que não pode haver segurança humana se não houver segurança do Estado. Como é que um Estado vai garantir alguém, se ele próprio não está garantido, está ameaçado, enfraquecido, debilitado? Isso tudo vai junto. As ênfases são dadas de acordo com a filosofia de cada um.

Nesse cenário, como fica o uso da força, em seu sentido militar?

Há um capítulo no relatório sobre segurança coletiva e uso da força. A legalidade do uso da força é a questão central. De acordo com o capítulo 7 da Carta das Nações Unidas, o uso da força é monopólio do Conselho de Segurança. Qual é a exceção? A exceção é o artigo 51, é a legítima defesa. Legítima defesa diante de quê? De uma ameaça iminente.

Foi isso que os Estados Unidos alegaram para invadir o Iraque, não?

Sim, mas não levaram em consideração que o artigo 51 da Carta permite uma resposta, mas a condiciona à imediata ação do Conselho de Segurança. Quer dizer, quando o país reage, tem de comunicar ao Conselho de Segurança, que toma uma decisão — e isso os americanos não fizeram. Nós não recomendamos nenhuma nova redação para o artigo 51, achamos que, como está, ele é adequado à situação atual: "Nada na presente Carta prejudicará o exercício do direito inerente de legítima defesa individual ou coletiva no caso de ocorrer um ataque armado contra um membro das Nações Unidas, até que o Conselho de Segurança tenha tomado as medidas necessárias para a manutenção da paz e da segurança internacionais. As medidas tomadas pelos membros no exercício desse direito de legítima defesa serão comunicadas *imediatamente* ao Conselho de Segurança..." Ou seja, o país pode reagir, mas *tem* de levar o assunto ao Conselho.

A Carta também fala em *ataque armado*, mas o problema atualmente não é esse. Pode-se ter uma situação de *iminência* de ataque. Tivemos muitas discussões para definir o que seria *iminente*. O que se pode entender, no mundo atual, como iminente? Por exemplo, um terrorista armado com uma bomba nuclear é uma ameaça iminente? Temos que esperar que ele a dispare? É preciso pesar as coisas, mas o que ressalta de tudo isso é a *responsabilidade do Conselho*. E a responsabilidade não tem só o sentido em que estamos falando até aqui, ligado ao uso da força, há também a responsabilidade de proteger. Todos tínhamos presente o que aconteceu em Ruanda e o que estava acontecendo no Sudão. Vamos deixar um genocídio ir até o extremo de liquidar toda uma população? Não temos que intervir de alguma maneira quando o governo nacional perdeu a capacidade de proteger? Uma idéia interessante é a dos Estados em colapso, os *failing states*, na linguagem americana. São situações em que vemos que o Estado está se desfazendo. O que fazer? As Nações Unidas vão enfrentar esse problema? O relatório prevê que sim.

No caso de ação armada, há critérios para o Conselho de Segurança usar a força militar, tais como a seriedade da ameaça, as intenções claras, os propósitos definidos etc. A força é a última instância, e é tarefa exclusiva do Conselho decidir sobre seu uso. O importante, também, é que a reação seja proporcional. Em seguida há que examinar as conseqüências da ação do Conselho. Ou seja, há critérios claros e aceitos que disciplinam o uso da força pelo Conselho.

Qual o futuro do relatório?

O secretário-geral Kofi Annan já o encaminhou a todos os países-membros e vai estimular o debate. Ele quer que o exame esteja concluído até setembro de 2005, pois deixará o cargo em 2006. Ele tem o ano de 2005 para se fixar como o grande reformador das Nações Unidas. Não acredito que se chegue a uma definição em todos os pontos, porque há coisas realmente difíceis. A reforma do Conselho é uma delas, embora eu ache que há mais simpatia pela criação de novos membros permanentes. Por quê? Porque os seis países mais interessados — Brasil, Alemanha, Japão, Índia, África do Sul e Egito — estão agindo coordenadamente nas Nações Unidas.

A Amazônia, o Brasil, o mundo

A Amazônia é uma questão importante para o Brasil no cenário atual. Mas já no final da década de 1970 o Brasil e os países vizinhos assinaram o Tratado de Cooperação Amazônica.[83] A preocupação naquele

---

[83] O Tratado de Cooperação Amazônica foi assinado em Brasília, em 3 de julho de 1978, por Bolívia, Brasil, Colômbia, Equador, Guiana, Peru, Suriname e Venezuela, e entrou em vigor em 2 de agosto de 1980. Ver www.mre.gov.br, Organismos regionais.

momento era apenas com o alastramento da guerrilha, ou já havia uma preocupação maior?

Havia uma preocupação com a Amazônia. Trata-se de um tratado que não foi até agora utilizado nas suas dimensões de cooperação, porque o Brasil esteve muito mais preocupado com o Sul do que com o Norte. Mas acho que a situação na Colômbia, e possivelmente em outros países-membros, vai exigir sua reativação. Para nós, é da maior importância. Talvez não se possa dar atenção a todos os aspectos, é preciso dar ênfase a questões mais imediatas, mas o Tratado de Cooperação Amazônica tem que efetivamente organizar-se, não temos outra solução. O agravamento da crise política nos países da região e o transbordamento dessa crise para a Amazônia brasileira são possibilidades que têm que ser consideradas, e que podem ser contidas pelo exercício do tratado. O tratado tem várias dimensões: desenvolvimento, meio ambiente, fronteiras, tudo.

A pouca ênfase dada ao Tratado de Cooperação Amazônica seria decorrente de falta de interesse ou de falta de pessoal?

Por enquanto, eu diria que houve falta de motivação. A motivação maior está no Sul, ou seja, no Mercosul. Como o Sul já está assinando textos com a Comunidade Andina, e como membros da Comunidade Andina são membros do Tratado de Cooperação Amazônica, acho que por aí se poderá dar a volta. O grande obstáculo ainda é a Colômbia, que não se interessa muito. A Venezuela é interessada, a Guiana e o Suriname também, mas a Colômbia foi sempre reticente em relação ao tratado, desde as negociações iniciais.

Qual a sua visão sobre o Plano Colômbia?[84] É um plano americano? Os americanos dizem que o plano não é americano, mas colombiano.

O plano é americano. E acho que é a maior ameaça à segurança da América do Sul, porque é a presença militar americana num país sul-americano, uma presença vigorosa. Por isso, acho que temos necessidade urgente de aparelhar toda aquela região. Não podemos aceitar que daqui a pouco venham os americanos dizer que o Brasil não pode assegurar a sua própria defesa, que o narcotráfico está invadindo o Brasil, e que eles vão nos ajudar a nos defendermos: seria a legítima defesa, o chamado artigo 51 da Carta da ONU, que está sendo utilizado a todo momento. Estou exagerando, talvez, mas não é impossível que isso aconteça.

---

[84] O Plano Colômbia foi concebido em 1999 pelo governo de Andrés Pastrana, com o objetivo de promover a revitalização social e econômica do país, pôr fim à guerrilha conduzida pelas Farc (Fuerzas Armadas Revolucionarias de Colômbia) e criar uma estratégia contra o narcotráfico. Os Estados Unidos apoiaram a iniciativa, fornecendo fundos e tropas para implementá-la. Ver http://en.wikipedia.org.

Esse aparelhamento a que o senhor se refere é militar?

Sim, deve ser militar. O Sivam,[85] por exemplo, foi um grande avanço. Não se sabia o que havia na Amazônia, e agora já há condições de se ver alguma coisa. Devemos nos aparelhar. A tese histórica de que o perigo vem do Sul está superada. Agora, o perigo vem do Norte.

O Brasil tem uma tradição nacionalista, não só militar, que o leva a se preocupar com uma possível ameaça de internacionalização da Amazônia. O senhor acha que existe essa possibilidade, ou a transformação da Amazônia numa área internacional sob o domínio da ONU é pura fantasia?

Há espasmos nesse sentido. Eu me recordo de que a Unesco fez estudos sobre como usar a Amazônia em benefício da humanidade. Lembram-se de um senhor chamado Herman Kahn, do Instituto Hudson, que escreveu um livro muito gaiato, chamado *Ano 2000?*[86] Tudo o que ele pôs ali ainda estamos esperando que aconteça, nada do que ele disse ocorreu, mas entre as visões que ele tinha estava a de se criar grandes lagos na Amazônia para facilitar o trânsito entre o Atlântico e o Pacífico... Há, seguramente, momentos em que o cientista descobre a Amazônia. Outra preocupação é que a crise do futuro vai ser a água — aliás, já está sendo em algumas regiões do mundo. Existe a idéia de que o Brasil sirva à humanidade oferecendo condições para que ela se beneficie do grande potencial de água doce que nós temos. Além disso, há o grande problema atual, que é a biodiversidade. São atrativos em cima da Amazônia. Acho que não é fora de propósito pensar que ela desperta a cobiça internacional. Há exageros, claro, mas há um interesse evidente da comunidade internacional, sobretudo dos mais desenvolvidos.

Na Comissão de Direito Internacional da ONU nós estamos tratando de um tema importantíssimo, que são os recursos naturais transfronteiriços subterrâneos — água, petróleo e gás. Começamos com a água. Não sei se vocês sabem, mas temos uma coisa chamada Aqüífero Guarani, uma extensão enorme de água subterrânea que alcança Mato Grosso, São Paulo, Paraná, Rio Grande do Sul, um pouco Paraguai, Argentina e Uruguai. Isso dá para alimentar de água a população local por 200 anos. É descoberta recente, mas já se aproveita esse aqüífero. Em São Paulo, por exemplo, já há municípios tirando água dele. Esse é um problema que precisamos discutir juridicamente: como organizar os países que integram o sistema do Aqüífero Guarani? A co-

---

[85] Sistema de Vigilância da Amazônia, implantado pelo Ministério da Aeronáutica em setembro de 1990. Para mais informações, ver www.sivam.gov.br.
[86] Herman Kahn, *O ano 2000: uma estrutura para especulação sobre os próximos 33 anos* São Paulo, Melhoramentos, 1967.

incidência é que esses países são os mesmos do Mercosul. É um recurso do Mercosul, mas 70% estão em território brasileiro.

Na CDI nós não representamos governos, mas é natural que estejamos condicionados por posições nacionais. Já nos primeiros debates sentimos duas tendências. Uma é considerar o Aqüífero Guarani patrimônio da humanidade, como são os fundos dos mares, de acordo com a convenção de direito do mar — algo, portanto, que tem de ser administrado por uma autoridade universal. E a outra — a nossa — é dizer que, como o projeto do Aqüífero Guarani está sendo administrado pelos países que integram a região onde ele está, não é preciso nenhuma entidade universal para fazer isso. Minha posição tem sido a de que nós temos que transformar esse projeto em um acordo internacional entre os quatro países, para nossa defesa, antes que venham outros insistir na tese de patrimônio comum da humanidade.

Voltando à pergunta sobre a Amazônia, existe, sim, interesse internacional. Eu não diria que existe ameaça, que amanhã vão invadir a Amazônia. Não sou tão extremado assim, mas que já estão tirando coisas da Amazônia sem pagar nada, estão. A gente sabe disso. Os japoneses não queriam registrar "cupuaçu" como marca? Tivemos que reagir.

Em termos da noção clássica de soberania nacional sobre o território, existe algum risco?

Neste momento, eu diria que não. Ninguém está discutindo soberania. Mas que há uma nuvem no horizonte, no sentido de transformar a riqueza da região em patrimônio da humanidade, sem dúvida. Não vejo um país, ou um grupo de países, exercendo pressão para ocupar a Amazônia. Mas não havia aquela tese do "pulmão do mundo", que foi desmoralizada depois? Agora é "água do mundo". Existe essa sombra ligada à água, à biodiversidade, mas a ameaça real é a situação colombiana.

Sem medo da diplomacia

Apesar dos esforços, a ONU hoje está bastante enfraquecida, não está?

De fato está enfraquecida, mas tem de ser recuperada, pois não há outra coisa. Ou então se passa uma procuração e se deixa o "Império" agir. Mas o próprio "Império" está sentindo a necessidade de ter o respaldo da comunidade internacional. É uma situação curiosa, se não dramática. Tem-se, de um lado, o império absoluto, o maior da história, e, do outro, a necessidade de fortalecer o direito internacional. O direito internacional é o que contém o poder, foi feito para proteger os que não têm poder, não para proteger os poderosos. Nós estamos nessa tragédia de equilibrar as duas coisas, para termos paz e estabilidade no mundo. Acho até que paz vai ser difícil, mas uma relativa estabilidade é possível conseguir. E só se pode conseguir estabilidade prestigiando os instrumentos jurídicos, que contêm o poder. Materialmente, militarmente, tecnologicamente, ninguém pode se opor ao poder do "Império". Como se opor, então? Pela opinião pública mundial, que inclui a opinião pública do próprio "Império".

Se o senhor fosse bancar Herman Kahn e escrever um livro chamado *Ano 2030*, para que lado o senhor acha que mundo iria?

Acho que poderemos caminhar para uma fragmentação do "Império". Acho que o "Império" vai ser carcomido de dentro. Não sei o número exato, mas o fato é que o "Império" já absorveu milhões de latinos; o general que prendeu Saddam Hussein era um porto-riquenho. Embora se saiba que isso não vai acontecer logo, com Bush, é preciso haver um reequilíbrio interno no "Império". Esse é um aspecto. Penso também que a China vai se afirmar cada vez mais. A China tem um dilema, uma política comunista e uma economia capitalista. Se chegar à síntese dessa antítese — e está nesse caminho —, vai se transformar internacionalmente num outro fator de possível estabilidade. Há também a União Européia, que pode ser um terceiro fator, superadas as dificuldades que eles próprios criaram com a ampliação. Quarto fator: os outros países, a Índia, a África do Sul, o Brasil. Eu não diria, no passo em que vamos, que chegaremos ao ano de 2030 como fator de estabilidade. Mas a China e a União Européia, sim, e principalmente o reequilíbrio de forças dentro do "Império".

Por que nós não seremos um fator de estabilidade nesse cenário?

Nós não vamos ser um fator importante porque estamos perdendo a batalha da educação. Quero estar enganado. É uma batalha essencial, mas estamos perdendo, estamos cada vez mais atrasados. A Índia, com todos os seus problemas de organização social, está muito mais na frente do que nós. A China manda 30 mil bolsistas para fora, que vão e voltam sabendo mais. E nós? Não queremos mandar bolsistas porque eles vão ficar lá fora, não voltam para o Brasil. Temos que mudar a mentalidade.

E quanto às relações do Brasil com o mundo?

Estamos fazendo o possível. O Mercosul está indo, a adesão da Comunidade Andina é importante. A viagem do presidente Lula ao Oriente Médio em 2003 foi boa. Lula mostrou certa independência porque visitou dois Estados "delinqüentes", como dizem os americanos, a Líbia e a Síria. A Síria tem uma influência no Brasil que não é preciso recordar, e a Líbia oferece possibilidades econômicas. A viagem foi correta. A idéia de aproximação com a Índia, com a África do Sul e com a China, que era um pouco difusa no passado, está caminhando para definições concretas de cooperação, e isso é bom. É estimulante a idéia de aproximação dos países emergentes, subdesenvolvidos ou em vias de desenvolvimento.

A idéia do G-20.[87]

Não importa a etiqueta. Mas se os sete ou oito mais ricos se reúnem, por que não nós? Faz todo o sentido. Algum tempo atrás me perguntaram: "Por que você é antiamericano?" Eu digo: "Não sou antiamericano, os fatos é que são, não eu". Como não se pode contestar certas coisas que acontecem, é preciso criar uma frente nossa, para defender os nossos interesses. Portanto, como cidadão, acho que a nossa política externa está muito bem conduzida.

Lula propôs que o G-20 se transformasse em área de livre comércio.

Como provocação, acho ótimo. Seria o ideal, mas na prática é muito difícil. De toda forma, o que se deve evitar é a omissão, porque ela leva à submissão. O que poderiam fazer o Canadá e o México, se não o Nafta? Qual é a margem de manobra que eles têm? Com aquelas fronteiras, não podem fazer nada. Nós podemos, e estamos fazendo. Acho que nossas iniciativas recentes foram todas muito boas. É preciso não ter medo de usar a diplomacia. Diplomacia não é jogo de futebol. As pessoas dizem: "Lula já foi a vários países, mas o que ele trouxe?" Estamos sempre esperando que alguém traga a taça, mas isso não é possível. As coisas não são assim, são muito mais matizadas. A diplomacia é, em primeiro lugar, a arte de identificar matizes e de jogar com eles.

---

[87] O G-20 foi formado em 20 de agosto de 2003. Para mais informações, ver www.g-20.mre.gov.br.

ÍNDICE ONOMÁSTICO

A

Abdenur, Roberto Pinto Ferreira Mameri, 57

Abreu, João Leitão de, 41-2, 46

Abreu, Sergio, 91

Alejos, Roberto, 31

Alencar, José de, 12

Almeida, Galeno Martins de, 15

Amaral Neto, Fidélis dos Santos, 44

Amorim, Celso Luiz Nunes, 57, 59

Andrade, Bartô, 43

Andresen, Sophia de Mello Breyner, 26

Aranha, Oswaldo, 64

Arbenz, Jacobo, 32, 71, 97

Arias, Oscar, 72

Arinos de Melo Franco, Afonso, 7, 33-4, 58

Aristide, Jean Bertrand, 85-6

Arzu, Álvaro, 70

Ascencio, Diego, 63

Assis, Joaquim Maria Machado de, 12

Asturias, Miguel Angel, 31

B

Baby Doc, Jean-Claude Duvalier, dito, 84

Badinter, Robert, 110-1

Baena, Antônio Ladislau Rodrigues, 11

Baena, Antônio Nicolau Monteiro, 11

Baena, João, 11

Batista, Paulo Nogueira, 48, 57

Bazin, René, 85

Becker, Cacilda, 27

Bopp, Raul, 16

Bouterse, Desi, 79-81

Boutros Gali, 86

Brito, Sérgio Chermont de, 15

Brundtland, Gro, 112

Bush, George, 94, 97

Bush, George W., 94-5, 107, 118

Bush, Jeb, 95

C

Caetano, Marcelo, 26

Calmon, Pedro, 14

Camargo, José Maria de Toledo, 40-5

Caminos, Hugo, 54, 65

Camões, Luís Vaz de, 13

Campos, Olavo Redig de, 38

Capovilla, Maurice, 43

Cardoso, Efraím, 23

Cardoso, Fernando Henrique, 81

Carias Zapata, Mario, 88

Carmona, Antônio, 26

Carter, Jimmy, 48, 84

Castello Branco Filho, Antônio, 37, 39

Castelo Branco, Humberto de Alencar, 7, 37-8, 45, 47-8, 58

Castillo Armas, Carlos, 32

Castro, João Augusto de Araújo, 8, 35, 37, 39-40, 42, 52, 58

Castro Ruiz, Fidel, 31-2, 70, 95-7

Castro Ruiz, Raul, 96

Cavalcanti, Geraldo Holanda, 55, 57

Cavalcanti, Moura, 82

Caxias, duque de, 24

Caymmi, Dorival, 13

Cedras, Raul, 85-6

Chagas, Walmor, 27

Chamorro, Pedro, 69

Chamorro, Violeta, 69

Chamoun, Herbert Viana, 14

Chateaubriand Bandeira de Melo, Francisco de Assis, 28-9

Chaves de Mendonça, Aureliano, 56

Chávez, Federico, 25

Chávez, Hugo, 92

Chermont, Jayme Sloan, 18

Collor de Mello, Fernando Afonso, 7, 85

Corrêa, Pio, 58

Costa, Maria Della, 27

Costa, Mário Dias, 76

Costa, Octavio Pereira da, 8, 40-5

Costa, Ronaldo, 14

Costa, Sérgio Correia da, 58

Cristiani, Alfredo, 76

Cunha, Vasco Leitão da, 7, 37, 58-9

D

Dantas, Francisco Clementino de San Tiago, 15-6

Dantas, João, 29

Dantas, Raimundo Souza, 33

Dauster Magalhães e Silva, Jório, 57

Dávila, Carlos, 63

Delfim Netto, Antônio, 42, 46, 51

Delgado, Humberto, 27-30

D'Aguiar, Hernani, 41

D'Eu, conde, 24

Dias, Gonçalves, 14

Duarte, Carlos, 52-3

Dutra, Eurico Gaspar, 17

E

Einaudi, Luigi, 98, 100

Espiell, Gross, 88-9

Evans, Gareth, 112

F

Fernandes, Raul, 58

Figueiredo, Guilherme, 27

Figueiredo, João Batista de Oliveira, 8, 23, 46, 51, 56, 58, 62, 81

Fonseca Jr., Gelson, 101

Fontoura, João Neves da, 58-9

Francia, José Gaspar Rodriguez, 24, 26

Franco, Francisco, 27

Frota, Sílvio, 51

Frutos Vaesken, Alexis, 88

Fuentes, Ydígoras, 32-3, 54

Fujimori, Alberto, 8, 85, 88-91, 93, 99

G

Galtieri, Leopoldo, 52-4

Galvão, Fernando Abbot, 17

Galvão, Henrique, 29-30

García, Alan, 88

Garcia, Marco Aurélio, 57

Gaviria, César, 97-100

Geisel, Ernesto, 41, 44-51, 58

Geisel, Orlando, 42, 44, 46

Gibson Barboza, Mário, 45-6, 51, 58-9

Goebbels, 43

Golbery do Couto e Silva, 46

Goulart, João Belchior Marques, dito *Jango*, 7-8, 15, 33, 34-5, 58

Green, Rosario, 93

Guerreiro, Ramiro Saraiva, 8, 46-7, 49, 51-9, 62

Guimarães, Fábio de Macedo Soares, 17

Guimarães, Samuel Pinheiro, 57

H

Hannay, David, 107, 112

Hegel, 14

Heilborn, Julio, 43

Holanda, Aurélio Buarque de, 17

Houaiss, Antônio, 20, 34

Hussein, Saddam, 118

I

Iglesias, Enrique, 109-12

Insulza, José Miguel, 98

Isabel, princesa, 24

J

Jaguaribe Gomes de Matos, *Hélio*, 34

Julia, Doña, 33

K

Kahn, Herman, 116, 118

Khadafi, Muammar, 56

King, Maurice A., 91

Kofi Annan, 7, 9, 104-5, 114

Kubitschek de Oliveira, *Juscelino*, 7, 23-6, 29-30, 44, 50

L

Lacerda, Carlos Frederico Werneck de, 19-20, 28

Lampreia, Luiz Felipe, 81

Leal Sanchez, Ernesto, 91

León Carpio, Ramiro de, 91-2

Lima, Francisco Negrão de, 30, 58

Lima, Paulo Tarso Flecha de, 57

Lins, Álvaro, 26-30

Lins, Augusto Estelita, 14

Lleras Camargo, Alberto, 19, 63, 98

Lopes, Craveiro, 27

López, Carlos António, 23-4, 26

López, Francisco Solano, 23-4, 26

Lott, Henrique Duffles Teixeira, 89

Lula da Silva, Luiz Inácio, 37, 57, 118-9

Lumumba, Patrice Emery, 34

M

Maciel, Georges Álvares, 50

Magalhães, Juracy Montenegro, 7, 38, 58-9

Manzon, Jean, 43-4

Maria del Socorro, 55

Martins, Carlos, 111

Matias, Marcelo, 28

Matos, Délio Jardim de, 56

Matos, Ney Melo, 14

Mazzilli, Ranieri, 37

McCarthy, Joseph, 20

McComie, Val, 62, 65

McCormack, Richard T., 63, 72-3, 99-100

Médici, Emílio Garrastazu, 8, 40-2, 44-7, 58

Mello, Sérgio Vieira de, 8, 64

Melo, Maria Sandra Cordeiro de, 17

Melo Neto, João Cabral de, 18, 20

Menchú, Rigoberta, 91

Mendes, Cândido, 34

Mobuto Seze Seko, 34

Mora, José A., 63

Moraes, Vinicius de, 18

Moreira, Thiers Martins, 14

Moussa, Amre, 112

Mulroney, Brian, 68

N

Nambiar, Satish, 112

Neves, Tancredo de Almeida, 15

Nhkrumah, 33

Niehaus, Berndt, 97-8

Nixon, Richard, 46

Nogueira Filho, José, 57

Noriega, Manuel Antonio, 8, 77-8

O

Opertti, Didier, 94

Orfila, Alejandro, 61-3, 65, 79

Ortega, Daniel, 69

Oviedo, Lino, 99

P

Panyarachun, Anand, 105

Papa Doc, François Duvalier, dito, 84

Pascal-Trouillot, Ertha, 84

Pastrana, Andrés, 115

Perez, Carlos Andrés, 92

Pérez de Cuellar, Javier, 71, 88, 93
Perón, Juan Domingo, 22
Pessoa, Irene, 85
Pinto, Heráclito Sobral, 14
Pinto, José de Magalhães, 45, 58
Plaza, Galo, 63, 98
Portela, Eduardo, 34
Prado, Manoel, 33
Primakov, 110

Q

Qian Qiqian, 112
Quadros, Jânio da Silva, 32-4, 58, 82, 91

R

Rabaça, Carlos Alberto, 42
Raffaelli, Marcelo, 14
Ramos, Nereu, 23
Rao, Vicente, 58
Ribeiro, Jorge Carlos, 57
Rio Branco, Barão do, 26
Ríos Montt, Efraín, 54-5
Reagan, Ronald, 64, 66, 70
Reis, Edgardo Costa, 80
Rocha, Francisco Brochado da, 33
Rodrigues, Jatyr de Almeida, 20
Rodriguez, Andrés, 25
Rodriguez Echeverría, Miguel Angel, 64, 98
Romero, Sílvio, 12
Rosa, João Guimarães, 16, 18

S

Sadik, Nafis, 110
Salazar, Antônio de Oliveira, 26-9
Salgado, Plínio, 28
Sandino, Augusto César, 69
Sardenberg, Ronaldo, 57
Sarney, José, 7, 72
Sayre, Robert, 65
Sbrozek, Jerzy, 14
Schultz, George, 63, 98
Scowcroft, Brent Serrano Elías, 107, 110
Serrano Elías, Jorge Antonio, 91-2
Sette, Luiz Paulo Lindenberg, 57
Silva, Artur da Costa e, 41, 45, 56, 58
Silva, Jorge Carvalho e, 46
Silva, Lafayette de Carvalho e, 16
Silveira, Alarico, 29
Silveira, Antônio Azeredo da, 45-52, 57-9
Simonsen, Mario Henrique, 51
Soares, Alice de Macedo Baena, 11
Soares, Altevir, 11
Soares, Cláudia Baena, 21-2
Soares, Clemente, 11
Soares, Clemente Baena, 21
Soares, Gláucia Baena, 21-2, 30
Soares, José Carlos de Macedo, 23
Soares, Rodrigo Baena, 21
Sodré, Roberto Abreu, 72

Somlo, Thomas, 43

Somoza Debayle, Anastasio, 69, 71

Souto Maior, Luiz Augusto, 50, 57

Souza, José Ferreira de, 14

Souza, Odete de Carvalho e, 17

Stedman, Stephen, 105-6

Stroessner, Alfredo, 25-6

T

Tamborim, José, 38

Telles, Aiglon, 43

Terry, Belaúnde, 89

Thomas, Christopher, 65

Tomás, Américo, 27

Torrijos, Omar, 77, 79

Tostes, Teodomiro, 18

V

Valladão, Haroldo, 14

Vargas, Getúlio Dornelles, 19, 23, 25, 64

Vargas Llosa, Mario, 88

Vasconcelos, Dora, 17

Veloso, Caetano, 62

Veríssimo, Érico, 29

Viana, Antônio Mendes, 29

W

Wagner, Richard, 75

Wasmosy, Juan Carlos, 99

Y

Yegros, Fulgencio, 24

Z

Zappa, Ítalo, 57

Esta obra foi impressa pela
Armazém das Letras Gráfica e Editora Ltda. em papel
off set Extra Alvura Plus para a Editora FGV
em julho de 2006.